鎌倉の航空写真

空からみた鎌倉．源頼朝とともに伊豆で挙兵した北条氏は，のちに鎌倉に拠点を移した．近年の研究では，周囲の地形や南に大きく開かれた海などをふまえて，鎌倉を天然の要塞とする説に否定的な見解が示されている．

願成就院不動明王像と脇侍

胎内の銘札より，文治２年（1186）に北条時政が作らせたものであることが分かる．

北条時頼坐像

建長寺は北条時頼を開基とする．時頼は幕府の引付の制度を創出した人物．作風から，弘長３年（1263）の時頼の没後間もない時期に作成されたものといわれる．

円成寺跡出土水晶製宝珠

円成寺は，鎌倉幕府が滅亡した後に尼の円成が伊豆に建立した寺．円成は北条貞時の妻で高時の母．円成寺では生き残った北条氏の子女が幕府滅亡後の時間を静かに過ごした．近年の発掘調査で出土したこの水晶は，その用途は不明だが，「円成尼の涙」とも評されている．

北条高時らが自害したと伝えられる腹切りやぐら

近年の発掘調査により，やぐら下の平場から，幕府滅亡に際して焼失したと考えられる建物（東勝寺）の跡が発見された．

敗者の日本史

7

鎌倉幕府滅亡と北条氏一族

秋山哲雄

吉川弘文館

目次

図版目次

〔口絵〕

〔挿図〕

鎌倉幕府の成立と展開　プロローグ

三鱗

極端な言い方をすれば、歴史は勝者によってつくられるものである。

敗者の歴史を探る

過去のできごとは勝者によって記録されるので、どうしても勝者に都合のよいものとなる。記録を残せない敗者は、勝者の引き立て役となってしまう。歴史学は史料的な根拠が必ず求められるから、そうした記録に頼らざるを得ない。必然的に私たちの目にする歴史は、勝者の歴史となってしまうのである。

鎌倉幕府が滅亡して敗者となった北条氏も、勝者の引き立て役にまわってしまうことが多い。最後の得宗《とくそう》（北条氏の嫡流）である北条高時《ほうじょうたかとき》がことのほか暗愚に描かれたり、幕府政治が専制的で退廃的な様相を呈したがゆえに滅亡したと理解されたりするのも、多分に勝者による誇張を含んでいる。

たとえば、幕府を倒して建武《けんむ》の新政を始めた後醍醐《ごだいご》天皇に同情的な『太平記』では、北条義時《よしとき》から貞時《さだとき》にいたるまでの歴代得宗は「徳、窮民ヲ撫《ぶ》スルニ足リ」「謙ニ居テ仁恩ヲ施シ、己《おのれ》ヲ責テ礼儀ヲ正ス」と記している。困窮した民をいたわるに足るだけの徳を備えており、謙虚にして民を思いやり慈しみ、責任感をもち礼儀を重んじていたというのである。

歴代得宗をこれだけ賞賛しているのに対して、最後の得宗である高時に対しては、「行跡甚《はなはだ》軽《かろく》シテ人ノ嘲《あざけり》ヲ顧《かえ》リミズ、政道正カラズシテ民ノ弊《ついえ》ヲ思ワズ」と記している。行動は軽率で人の嘲笑も気にせず、政治の手法は正しくなく民の疲弊に思いを至らせることはないというのである。

そのほかの記事でも高時は、田楽や闘犬に熱中する愚鈍な人物として描かれている。これらが事実かどうかは別にして、高時に対するこうした『太平記』の評価が、現代の彼に対するネガティブなイメージにつながっていることは間違いない。

敗者となって一方的にネガティブに描かれる高時に、汚名返上の機会を与えたいのは山々ではある。ところが、残念ながら彼にまつわる史料は多くない。また、個人に対して良いとか悪いとかいう評価を下すのは、歴史学の本分ではあるまい。そこで本書は、高時の背負っていた鎌倉幕府が、滅亡してもなお後世に残したものを探っていく。

鎌倉幕府の滅亡は、北条氏一族の滅亡でしかないともいわれる。鎌倉幕府の各機関が北条氏の自害によって滅亡しているのに対して、北条氏以外の人やしくみの多くが、次の政権にも継承されたからである。しかし、継承された人やしくみは、北条氏が主導する幕府によって生み出されたものであった。本書では、主に北条氏によって整備されていった鎌倉幕府の機構を政治史とともにたどることで、北条氏に与えられた評価に改めて光を当てていきたい。

鎌倉幕府の成立と東国

鎌倉幕府の始まりは、もちろん源頼朝《よりとも》の挙兵である。平治《へいじ》元年（一一五九）におきた平治の乱で敗者となった頼朝は、伊豆に流された。やがて北条時政《ときまさ》の娘の政子《まさこ》を妻に迎え、北条氏の庇護をうけて生活するようになる。頼朝が住んでいたのは、伊豆国《いずのくに》の韮山《にらやま》（静岡県伊豆の国市）にある時政の北条館《ほうじょうのたち》であった。

治承《じしょう》四年（一一八〇）四月。頼朝のもとに平氏を打倒せよという以仁王《もちひとおう》の令旨《りょうじ》が届く。北条館で令旨を開いた頼朝は、ついに挙兵を決意した。頼朝による鎌倉幕府の草創は、北条時政とともに伊豆の韮山から始まったのである。

頼朝によって開かれた鎌倉幕府は、当初は東国の軍事政権であった。幕府は東国の御家人を中核としており、彼らが朝廷の官職を得るためには、必ず頼朝の許可が必要であった。幕府は東国を基盤とした政権だったのである。

幕府の成立以来、西国における国と国との境界争いに、幕府は介入しないというのが原則であった。荘園の境界争いも同様である。このことは、逆に東国では幕府に裁定権があった事実を示している。東国における境相論については、幕府が独自の権限を行使していたのである。このことも、幕府が東国政権であったことを示している。

一方で幕府は、朝廷の軍事・警察を担当する部門としてもふるまっていた。それを端的に示すのが京都大番役《きょうとおおばんやく》である。京都大番役とは、京都にある天皇や上皇の御所を警備する役目のことである。これは幕府の指揮の下で、全国の御家人によって担われていた。御家人を動員して京都大番役を勤めさせることで、幕府は朝廷の軍事・警察を担当する役割を果たしていたのである。

鎌倉幕府を国家レベルでいかに評価するかについては、現在のところ二つの大きな学説がある。ひとつは黒田俊雄氏（黒田一九九四）によって提唱された権門体制論《けんもんたいせいろん》。もうひとつは、佐藤進一氏（佐藤一九八三）に代表されるような東国国家論である。

権門体制論とは、複数の権門による競合対立と相互補完の上に、天皇を中心とした中世の国家が成り立っているという考え方である。権門とは、貴族や大寺社などを指す。この説にしたがえば、幕府は国家の軍事や警察を担当するひとつの権門に過ぎないことになる。

一方で東国国家論とは、中世には王朝国家と鎌倉幕府という二つの国家があったとする考え方である。この説にしたがえば、幕府は東国にうまれた日本列島における第二の国家だということになる。

いずれの説をとるかはまだ決着を見ていないが、どちらにも説得力は感じられる。ただし、幕府を国家だと断言するのにはやや抵抗がある。そこで本書では、朝廷に対しては軍事・警察部門を担当するという役割を果たしつつ、東国では東国独自の政権としてふるまっていたという立場で、幕府をとらえることにしたい。

承久の乱と蒙古襲来

当初の幕府は東国の政権であったが、鎌倉時代をとおしてその影響力は西国や九州にまで広がっていった。そのきっかけのひとつが、承久《じょうきゅう》の乱である。

承久三年（一二二一）五月。後鳥羽上皇《ごとばじょうこう》は流鏑馬《やぶさめ》と称して畿内近国一七ヵ国の武士を招集した。京都守護という幕府の役職に就いていた二人のうち、伊賀光季《いがみつすえ》は招集に応じなかったが、大江親広《おおえちかひろ》は在京の御家人とともにこれに応じている。光季を討たせた後鳥羽は、北条義時《よしとき》を追討する内容の宣旨《せんじ》を発した。

幕府では、頼朝以来の恩顧を訴えた政子の説得によって、徹底抗戦の方針が立てられた。東国一五ヵ国の御家人に動員令を発し、京都を目指して東海道・東山道・北陸道の三方から進軍を開始。早くも六月十五日には、上皇方を降伏させた。

後鳥羽上皇は隠岐島へ流され、順徳《じゅんとく》上皇は佐渡島へ、土御門《つちみかど》上皇は土佐国（後に阿波国）へと流された。

一連の戦後処理を行ったのは、京都に進駐した北条泰時《やすとき》・時房《ときふさ》の二人である。のちにその立場は、六波羅探題《ろくはらたんだい》とよばれた。それまでの京都守護とはちがって、六波羅探題には多くの役割と権限が与えられている。北条氏一族を六波羅探題として京都に派遣することで、鎌倉幕府は西国にまで影響力を及ぼすような存在となったのである。

さらに鎌倉幕府は、鎮西（九州）にまで強い影響力を及ぼすようになった。そのきっかけは、二度にわたる蒙古襲来である。

成立期の幕府は、鎮西への関与にあまり積極的ではなかった。しかし、蒙古襲来が幕府に与えた衝撃は大きかったようである。幸いにして二度とも相手が撤退したものの、いつ三度目の来襲があるか分からない。戦力となる現地の武士が訴訟のために九州を離れては困る。これを防ぐために、博多には訴訟を担当しうる機関が置かれた。いくつかの変更を経て、永仁《えいにん》四年（一二九六）には鎮西探題が本格的に成立する。こうして鎌倉幕府は、蒙古襲来という危機に対応するために、否応なく鎮西へと進出することになった。

以上のように鎌倉幕府は、承久の乱と蒙古襲来を経て、六波羅と博多にも拠点をもつようになった。東国の政権としてスタートした鎌倉幕府が、京と鎮西に機関を設置し、全国へとその影響力を拡大していったのである。

本書の構成要素

本書の主題は、敗者となった北条氏が残した遺産としての、幕府の機構やしくみについてあきらかにしていくことである。幕府の機構は、初期に頼朝によって設置されたものを除けば、ほとんどが北条氏一族によって作られたものであった。これらの多くは、北条氏が生き残っていく政治的な過程で生まれている。そのため、本書の叙述も政治史から始めざるを得ない。その結果として生まれた幕府機構については、その後に改めて詳しく述べることになる。敗者となった北条氏の具体像については、さらにその後にまとめて述べていくことにしたい。

したがって、本書は次の三つの要素で構成されることになる。①鎌倉幕府の政治史、②鎌倉幕府の制度史、③北条氏の敗者列伝、の三つである。鎌倉時代全体を、蒙古襲来以前・以後・平頼綱《よりつな》政権以後の三つの時期に区分し、それぞれに①②③の内容を記している。ただし、各要素の記述の順序や分量は、必ずしも均一ではない。

①鎌倉幕府の政治史に関する記述は、細かいことはともかくとして、事件や政変を順にたどりながら、その結果としてどのような幕府の役職やしくみが生まれたのかに注目して読み進めていただければと思う。時間の経過が分かるように、年月日の記載がなるべく段落の冒頭となるよう配置した。

②鎌倉幕府の制度史に関する記述は、項目のタイトルに「制度史」と銘打って判別できるようにしてある。これも細かいことは気にせず、それぞれの制度の名称だけでもご記憶いただければと思う。難しければ、この部分は多少読み飛ばしても話はつながるはずである。

③北条氏の敗者列伝には、できるだけ多くの人物をとりあげるよう心がけた。項目のタイトルに「敗者」あるいは人名が入っているものは、だいたい③の記述である。原則として、ひとつの項目に登場する主人公は一人となっている。それぞれの人物の名前や系図上の関係はあまり気にせずに、こんな人もいたのかと、コラム的に読み流していただければ幸いである。

さて、前置きが長くなって言い訳がましくなってきた。まずは鎌倉幕府の基本的な機構ができていくところから、一五〇年以上にわたる北条氏の挑戦をご覧いただくことにしよう。

I

鎌倉幕府の機構整備

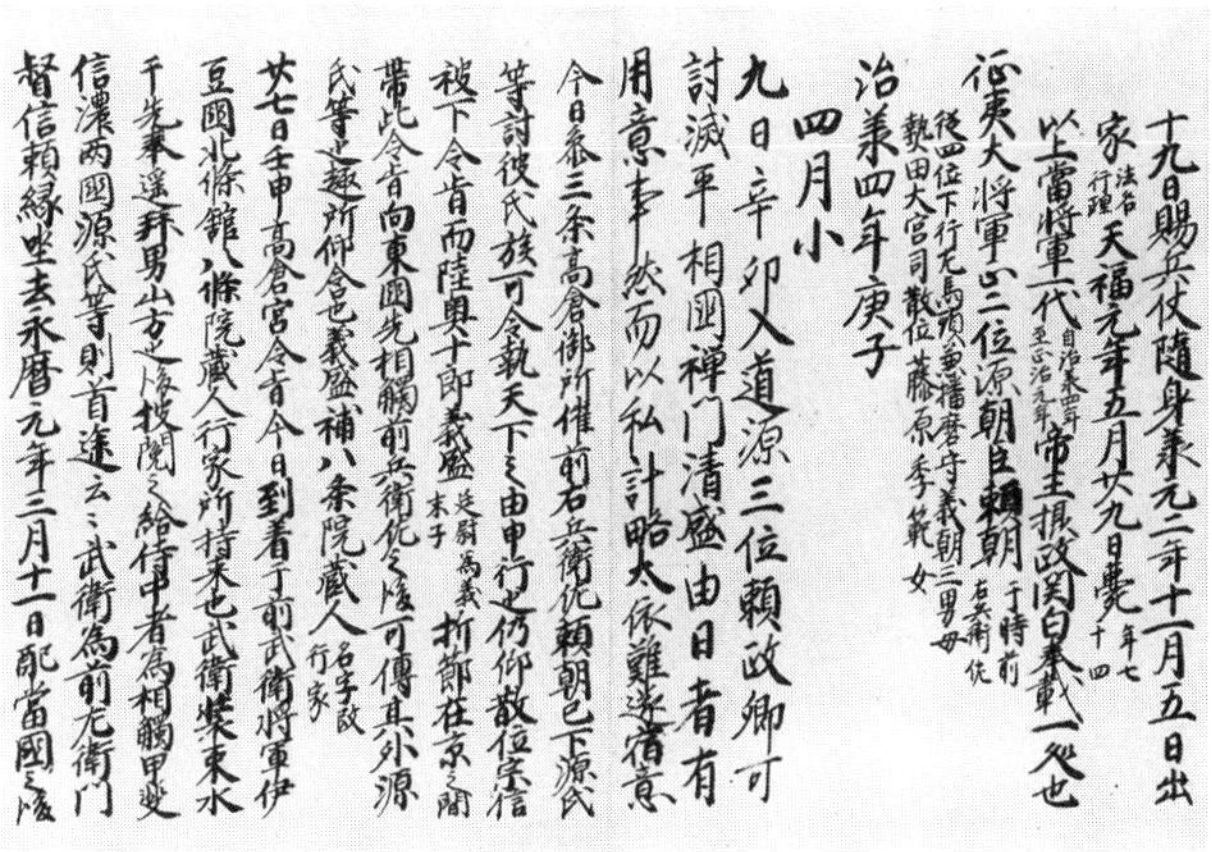
十九日賜兵仗隨身兼元二年十一月五日出
家 法名行蓮 天福元年五月廿九日薨 年七十四
以上當將軍一代 自治承四年至正治元年 帝王摂政関白奉載一人也
征夷大將軍正二位源朝臣頼朝 于時前右兵衛佐
従四位下行左馬頭兼播磨守義朝三男 母
熱田大宮司散位藤原季範女
治承四年庚子
四月小
九日辛卯入道源三位頼政卿可
討滅平相國禪門清盛由日者有
用意事然而以私計略太依難遂宿意
今日夜三条高倉御所催前右兵衛佐頼朝已下源氏
等討彼氏族可令執天下之由申行之仍仰散位宗信
被下令旨而陸奥十郎義盛 廷尉為義末子 折節在京之間
帶此令旨向東國先相觸前兵衛佐之後可傳其外源
氏等之趣所仰含也義盛補八条院蔵人 名字改行家
廿七日壬申高倉宮令旨今日到着于前武衛將軍伊
豆國北條館 八條院蔵人行家所持來也 武衛裝束水
干先奉遥拜男山方之後披閲之給侍中者為相觸甲斐
信濃兩國源氏等則首途云々 武衛為前右衛門
督信頼縁坐去永暦元年三月十一日配當國之後

1—『吾妻鏡』冒頭部分「吉川本」

『吾妻鏡』は鎌倉幕府の作成した歴史書といわれる．源頼朝の挙兵から始まり，6代目の将軍である宗尊親王が京へ送還されるまでを描く．鎌倉幕府の機構整備を知る上でもっとも基本的な史料．

1　執権・連署・評定・引付

成立期の鎌倉幕府の主要な機構には、侍所《さむらいどころ》、政所《まんどころ》（当初は公文所《くもんじょ》）、問注所《もんちゅうじょ》の三つがある。

幕府機構の誕生

治承《じしょう》四年（一一八〇）十一月。まだ平氏との戦いが続いていた頃、幕府に侍所が設置された。鎌倉の治安維持や御家人《ごけにん》統制などのためである。侍所の長官は別当《べっとう》とよばれた。初代別当には、有力御家人の和田《わだ》義盛《よしもり》が任命されている。

元暦《げんりゃく》元年（一一八四）八月。幕府の一般政務を担う公文所が設置された。公文所の長官も別当とよばれる。最初の別当には、京都から鎌倉にやってきた大江《おおえ》広元《ひろもと》が任じられている。のちに公文所は政所と改称された。

同じ元暦元年十月。問注所が設置された。これは訴訟を担当する機関である。長官は執事《しつじ》とよばれた。初代の執事は三善《みよし》康信《やすのぶ》である。

これら三つの機関は鎌倉幕府滅亡まで存続した。北条氏がのちに作り出すいくつかの制度は、この機関の存在を前提としたものであった。室町幕府もまた、おおむねこの制度にならった機構を整備している。基本的な機構の面において、二つの幕府は連続性をもっていたのである。

建仁《けんにん》三年（一二〇三）十月九日。三代将軍の源実朝《みなもとのさねとも》が政所始《まんどころはじめ》をおこなった。政所始とは、初めて政所を運営する儀式のことである。この時に大江広元と北条時政《ほうじょうときまさ》が、長官である別当となった。これを執権《しっけん》の始まりとする説もある。

しかし鎌倉幕府の執権は、のちに政所と侍所の別当を兼任する立場にあったと考えられている。侍所別当になっていない時政は、厳密には執権とみなしがたい。

2── 北条時政の墓（願成就院）

元久《げんきゅう》二年（一二〇五）閏七月十九日。時政とその後妻である牧方《まきのかた》が、源実朝を排除して平賀朝政《ひらがともまさ》を将軍にたてようと企てた。時政の息子である北条義時《よしとき》は、この計画を事前に察知する。姉の北条政子と協力した義時は、時政と牧方を伊豆国北条に追放することに成功した。時政はそのまま伊豆で余生を送り、建保《けんぽう》三年（一二一五）正月に没している。

幕府の残した歴史書といわれる『吾妻鏡《あづまかがみ》』では、時政が伊豆に向かったその日に、義時が「執権」となったと記している。しかし、この頃の義時はまだ侍所別当ではない。父時政が去った政所別当の地位についたに過ぎない。

当時の侍所別当は和田義盛《わだよしもり》であった。義盛は源《みなもとの》頼朝《よりとも》の挙兵に参加して大きな功績を残した、幕府創設以来の功臣である。彼はそれまでに起きた御家人間の抗争を生き延びてきていた。御家人を統括する侍所別当の地位についていたこともあって、御家人社会に隠然たる勢力をたもっていた。

執権の誕生

建保《けんぽう》元年（一二一三）二月。ある僧侶が鎌倉でとらえられ、幕府への反逆の計画を白状した。信濃国の住人である泉親衡《いずみちかひら》が、前将軍の源頼家の子である千寿丸《せんじゅまる》を擁立して、北条義時を倒そうとしているというのだ。

鎌倉で協力者を集めているところをとらえられたその僧侶は、この計画に賛同する御家人の名前も次々に白状した。そのなかには、和田義盛の子の義直《よしなお》・義重《よししげ》と、同じく甥である胤長《たねなが》の名前も含まれていた。彼らは生け捕りにされ、身柄を親北条氏の御家人に預けられることとなった。

この時に和田義盛は上総国伊北庄《かずさのくにいほうのしょう》にいた。侍所の別当である有力御家人であっても、鎌倉を離れて所領に赴いていることがあったのである。

ようやく三月八日になって、別の用件にかこつけて義盛は上総から鎌倉にやってくる。将軍御所に参上した義盛は、子息らの赦免を申し出た。義盛のこれまでの勲功によって子の義直と義重は許されることになったが、甥の胤長は許されることはなかった。翌日に義盛は一族九八人を連れて再び御所に参上し、改めて胤長の厚免を願いでる。

しかし、胤長は今回の計画の首謀者であるとの理由で許されなかった。胤長は陸奥国岩瀬郡《むつのくにいわせぐん》に流され、御所近くにあった彼の屋地は北条義時の家人に分け与えられた。『吾妻鏡』では、胤長に対する義時のふるまいに憤って、義盛が逆心を確かなものにしたと伝えている。

同年五月二日。和田義盛はついに挙兵して幕府や北条義時の邸宅を攻撃した。事態は広く鎌倉の市街地を舞台にした大きな合戦へと発展する。

和田氏方が多勢であることを不安に思った義時は、大江広元との連名で、和田勢を討ち取るようにという将軍源実朝の命令をつたえる御教書《みきょうしょ》をあわてて発する。これが功を奏したのか、形勢は義時方に有利に動き出す。さすがの和田勢にも疲労の色が見え始め、五月三日には義盛が討たれて大勢が決した。

二日間にわたってつづいたこの戦いは、和田合戦とよばれている。

この合戦の結果、侍所別当であった和田義盛とその一族は大半が滅亡した。五月六日には、北条義時の家人である金窪行親《かなくぼゆきちか》が侍所の次官である所司《しょし》に任命されている。これは、和田義盛にかわって北条義時が侍所の別当になったことを示す。

すでに政所の別当であった義時は、こうして侍所の別当も兼任するにいたった。この立場を執権という。和田合戦に勝利して、義時は執権となったのである。

ただし、この頃の幕府機構はそれほど精緻なものではなかった。幕府機構が整備されるのは、承《じょう》久《きゅう》の乱よりも後のことになる。

連署の誕生

承久元年（一二一九）正月。将軍の源実朝が甥の公暁《くぎょう》によって暗殺された。北条政子《まさこ》や義時を中心とした鎌倉幕府は、親王を将軍として迎えたいと後鳥羽上皇《ごとばじょうこう》に申し出る。親王とは、一般的に天皇の子を指す。宣旨《せんじ》（天皇の命令を伝える文書）によって親王と認められる場合もある。

後鳥羽は親王の鎌倉行きに反対する。次善の策として、摂関家から次期将軍を迎えることになった。こうして鎌倉に下向することになったのが、九条道家《くじょうみちいえ》の子の三寅《みとら》（のちの頼経《よりつね》）である。三寅は頼朝以来の将軍の在所である大倉御所には入らず、義時の住む大倉亭郭内の南側に新造された建物に居住した。

承久三年（一二二一）五月。後鳥羽上皇が倒幕の兵を挙げる。幕府は多少の動揺を見せるが、徹底抗戦の方針が固まると六月十五日には勝利を確定的なものにする。一ヵ月程度で終わったこの戦闘を、承久の乱という。

幕府軍の大将であった北条泰時《やすとき》は、叔父の時房《ときふさ》とともに京都にとどまった。これによって、幕府の京都における出先機関である六波羅探題《ろくはらたんだい》が成立した。のちに探題の長官は、北方《きたかた》と南方《みなみかた》の二人いるのが常となる。六波羅探題については後述する。

元仁《げんにん》元年（一二二四）六月十三日。義時が急死する。時に六二歳。墳墓の地は頼朝の法華堂の東山上に定められた。六月二十七日には、義時の子で六波羅探題の任にあった北条泰時が鎌倉によびもどされ、小町西北にある邸宅に入った。しかし、泰時はすぐに執権となれたわけではなかった。

この頃に起きたのが、いわゆる伊賀氏の変である。

首謀者は、義時の後妻の伊賀方《いがのかた》とその兄の伊賀光宗《みつむね》だといわれている。伊賀方は義時との間に生まれた北条政村《まさむら》を執権にたて、娘婿の一条実雅《いちじょうさねまさ》を将軍に就任させようと画策したという。政村と泰時は異母兄弟にあたる。

3―義時法華堂跡
近年に源頼朝法華堂の東にあたる地域で発掘調査がおこなわれ，検出された建物跡が義時法華堂に推定されている

事態を察知した北条政子は、次期将軍の三寅を抱いてみずから泰時の邸宅に乗り込む。そこに有力御家人の三浦義村《よしむら》を招き寄せ、三浦氏と伊賀氏がつながることを未然に防いだ。孤立した伊賀光宗は、政所の次官にあたる執事《しつじ》を更迭されて所領も没収される。八月二十九日には光宗が信濃国へと流されることが決まり、伊賀方は伊豆国北条へ下向することとなった。光宗はのちに幕府に復帰するが、伊賀方はそのまま伊豆で病死したようである。

伊賀氏の変に対応するなかで、北条政子の後押しをうけた泰時が執権となった。そして六波羅探題としてかつてともに活動した、叔父の時房を連署《れんしょ》として迎えている。連署とは、

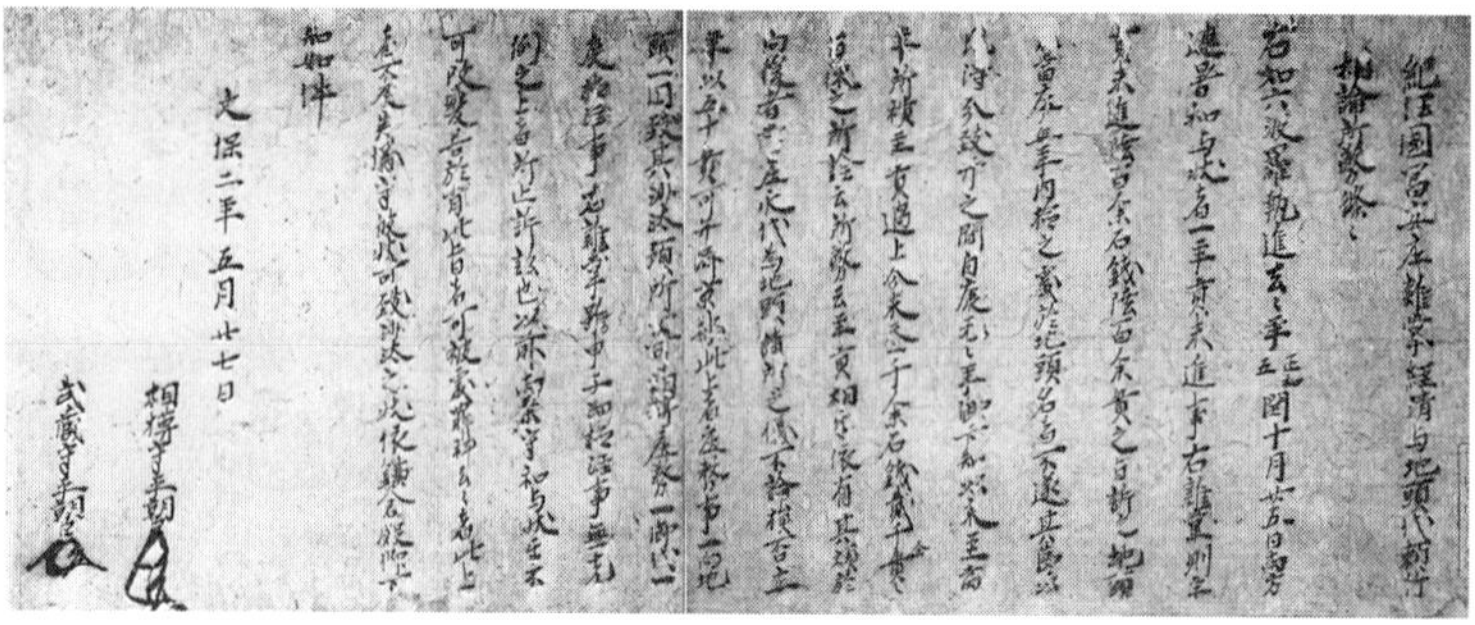

4―関東下知状（文保2年（1318）5月27日「根岸文書」）
左端には相模守と武蔵守の2人の署名がみえる．相模守は執権の北条高時．武蔵守は連署の金沢貞顕

文字どおり執権とともに文書《もんじょ》に連名で署名する立場のことである。政子の後援を得なければ執権になることも難しかった自分の立場を支援してもらうために、信頼する時房を連署としたのであろう。こうして、もう一人の執権ともいうべき連署という役職が誕生した。

執権一人で政務にあたることもあったが、のちには連署を置くのが一般的となった。執権と連署との間に明確な職務上の違いはみられない。鎌倉幕府の命令を伝える文書のひとつである関東御教書《かんとうみきょうしょ》や判決を示す関東下知状《かんとうげちじょう》は、執権と連署の二人が署名して出される。その命令の宛先がたまたま執権の立場にある人物の場合には、連署が単独で署名することはあった。しかし、両者が役割を分担することはなかったようである。

幕府の本拠地の国守である相模守《さがみのかみ》と武蔵守《むさしのかみ》の人物が執権と連署に就任することが通例となったので、二人を「両国司《りょうこくし》」と総称することもある。

評定の誕生

嘉禄《かろく》元年（一二二五）七月十一日。実質的な将軍であった北条政子が六九歳で没する。泰時は大きな後ろ盾を失うことになった。

泰時はここで決断する。将軍の御所を大倉から宇津宮辻子《うつのみやずし》へと移転させたのである。宇津宮辻子御所は泰時の邸宅に近接する場所であった。次期将軍本人を自らの邸宅近くに抱えこもうというのである。新しい御所が完成するまで、三寅の住む義時大倉亭郭内には政子の死後に時房が入っていた。他の御家人に利用されることのないよう次期将軍を確保したのである。

同年十二月二十日。宇津宮辻子に新造された御所に三寅が入る。二十九日には八歳で元服して九条《くじょう》頼経《よりつね》となった。翌年には将軍となる。政子の死から五ヵ月あまりで、泰時は御所の移転と三寅の元服とをやってのけたのである。

5── 願成就院地蔵菩薩像

底部に「寛喜三年」(1231) の銘があり，北条政子の7回忌に甥の北条泰時が奉納したものといわれる．政子をモデルにしたという伝承をもつ

こうして、泰時政権は新たな出発を果たした。この政権では評定衆《ひょうじょうしゅう》の設置と御成《ごせい》敗式目《ばいしきもく》の制定という、後の時代に残る制度改革がおこなわれた。

歴代の評定衆を一年ごとに記した『関東評定伝』という書物がある。一四世紀初頭に作成されたといわれている。この書物に

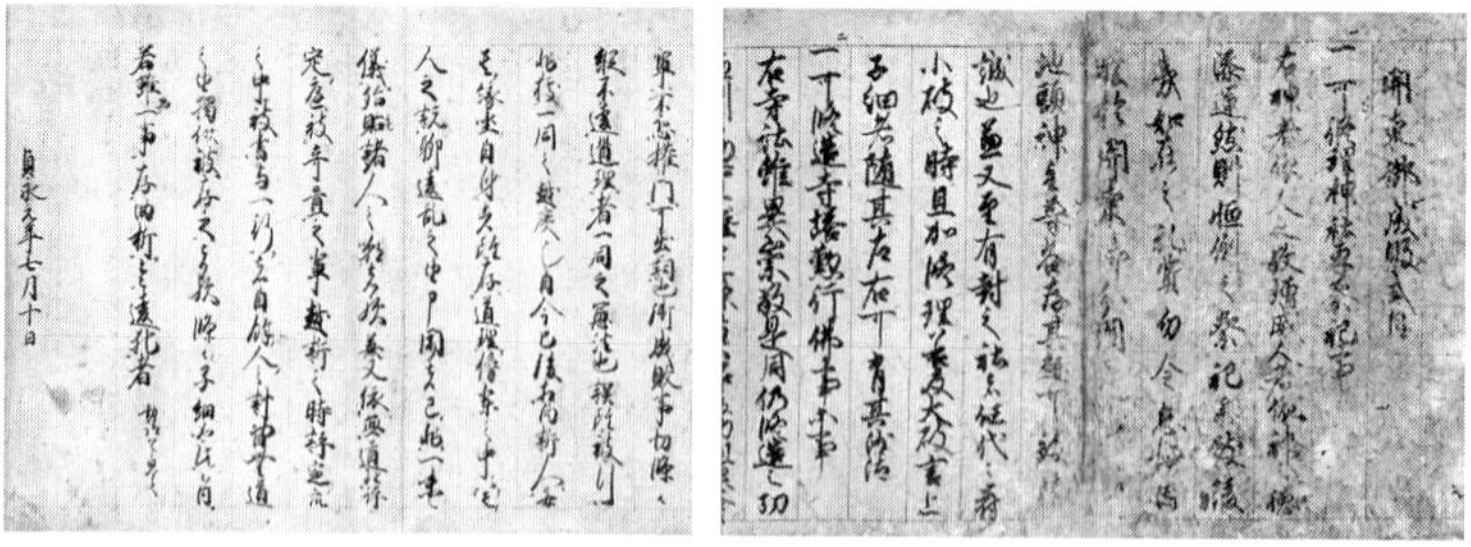

6―御成敗式目

よれば、この年、すなわち嘉禄元年（一二二五）に評定衆が設置された。評定衆には宿老《しゅくろう》クラスの御家人だけでなく、京都から鎌倉にやってきていた下級の貴族も含まれていた。彼らは文筆に長けた実務能力を買われて幕府の吏僚となり、評定衆に組み込まれたのである。彼らのような存在を、武力をもって幕府に奉仕する武士に対して、文士《ぶんし》とよぶ。最初の評定衆には、中原師員《なかはらもろかず》、三浦義村、二階堂行村《にかいどうゆきむら》、中条家長《ちゅうじょういえなが》、町《まち》野《の》康俊《やすとし》、二階堂行盛《にかいどうゆきもり》、矢野倫重《やのともしげ》、後藤基綱《ごとうもとつな》、太田康連《おおたやすつら》、佐藤業時《さとうなりとき》、斎藤《さいとう》長定《ながさだ》が任じられた。

これに政所・侍所の二つの組織で別当を兼ねる執権・連署が加わり、評定がおこなわれる。町野康俊は問注所の長官にあたる問注所執事であり、二階堂行盛は政所の次官クラスに相当する政所執事であった。侍所・政所・問注所という幕府の主要機関の長官・次官クラスや有力御家人および文士らによって構成される評定は、それまでの機関の上部に設置された、幕府の最高意志決定機関であった。

貞永《じょうえい》元年（一二三二）八月十日。泰時は御成敗式目を制定する。式目の末尾に付けられた評定衆連名の起請文（書いた内容を神仏に誓う文書）には、縁故や私情あるいは政治的圧力に左右されず理非にもとづく判断をすること、評定会議での決定は全員が責任を負うことなどが記されている。

泰時はこの式目を、当時の六波羅探題であった弟の北条重時《しげとき》のもとにも送らせた。二通の手紙（消息《しょうそく》）もこれに添えられたようである。その消息には、この式目が御家人を対象としたもので朝廷の法体系とは別のものであることが明記された。また御家人・守護所・地頭にもあまねく式目を披露して周知するようにとも記されている。これによって、式目は広く知られることになった。

こうして泰時・時房という執権・連署のもと、評定衆が設置され御成敗式目が制定された。以後は幕府の裁判も精緻におこなわれるようになる。

幕府の地方機関である六波羅探題や鎮西《ちんぜい》探題にも、のちに探題評定衆が設置された。寛元《かんげん》四年（一二四六）には、幕府の圧力をうけつつそれまでの朝廷内の伝統をふまえ、上皇のもとで評定をおこなう院評定《いんのひょうじょう》も始められる。合議をおこなうという発想は以前からあったが、評定という方式がとられるようになったのは、まさにこの頃以降のことであった。のちの室町幕府や鎌倉府（室町幕府が関東の政務を担当させた機関）にも評定衆は設置された。

式目の後にも、場当たり的なものも含めて幕府は必要に応じて法令を追加している。現在知られているものだけでも、その数は七〇〇以上にのぼる。室町幕府も基本的には式目を継承し、鎌倉幕府法にさらに追加する形で法令を発布していた。評定衆も御成敗式目も、のちの時代にまで残ったいわば

7── 北条時頼
室町時代の写しといわれる．時頼は出家後も幕府中枢に確固たる地位をたもった

北条氏の遺産だったのである。

寛元の政変

仁治《にんじ》元年（一二四〇）に連署の時房が没する。後任の連署は置かれなかった。仁治三年（一二四二）には執権の泰時もこの世を去る。

泰時の嫡子である時氏《ときうじ》は若くして亡くなっていた。そこで後継者として執権となったのは、時氏の子で一九歳の北条経時《つねとき》であった。一方で将軍の頼経はすでに二五歳となっており、周囲の御家人との関係を着実に築いてきていた。

寛元二年（一二四四）四月。頼経は将軍職を息子の頼嗣《よりつぐ》に譲る。経時によって譲らされたものであろう。翌年に経時は妹の檜皮姫《ひわだひめ》をその頼嗣に嫁がせ、北条氏の地位の安定化を図る。ただし、将軍を退いた頼経はその後も鎌倉にとどまり「大殿《おおいとの》」として影響力をもちつづけていた。こうして執権と将軍の対立が鮮明になってくる。ところが、経時の身体はすでに病魔にむしばまれ始めていた。

寛元四年（一二四六）三月二十三日。武蔵守であった経時の邸宅で「深秘御沙汰《しんぴのごさた》」とよばれる内密の会議があった。病気で政務を執れない経時にかわって弟の北条時頼《ときより》が執権となることが、その場で決められた。

同年閏四月一日。経時が二三歳にしてこの世を去る。鎌倉はにわかに騒がしくなった。しかし、直接的な戦闘の前に事態は収束する。将軍派の首謀者とされた北条氏一族の名越光時《なごえみつとき》は戦わずして失脚し、将軍派とみられる評定衆四人が罷免された。その結果、前将軍の頼経は七月十一日に京都へと帰っていった。これを寛元の政変という。頼経は帰洛の際に、北条氏一族の佐介時盛《さすけときもり》の邸宅を経由している。

これ以後、将軍を退いた人物が鎌倉にとどまった例はない。頼経のような存在が先例とならないよう配慮したものであろう。

頼経の京都への帰路に供奉《ぐぶ》（貴人につき従うこと）をした御家人のなかに、三浦光村《みつむら》がいた。三浦一族の惣領である泰村《やすむら》の弟である。頼経と光村は二〇年来のなれ親しんだ関係であった。頼経との別れに際して光村は涙を流し、今一度鎌倉に頼経をお迎えしたいと語ったという。

これが宝治《ほうじ》合戦の伏線となった。三浦光村と泰村を含めた三浦一族は、翌年におきる宝治合戦で滅亡することになる。

引付の誕生

宝治元年（一二四七）六月。いわゆる宝治合戦がおきた。三浦氏が滅亡した政変である。

すでに出家して高野山にいた安達景盛《あだちかげもり》は、四月に鎌倉にもどっていた。景盛は子の義景《よしかげ》や孫の泰盛《やすもり》のふがいなさを嘆き、三浦氏討滅をうながした。その後、落書《らくしょ》による挑発などの駆け引きがくりかえされる。

まだ二一歳の執権時頼は和平の道を模索し、三浦泰村に使者を送って三浦氏を討つ意志はないことを伝えた。これを聞いた安達景盛は、和平がまとまっては三浦氏がおごりたかぶることになるといっ

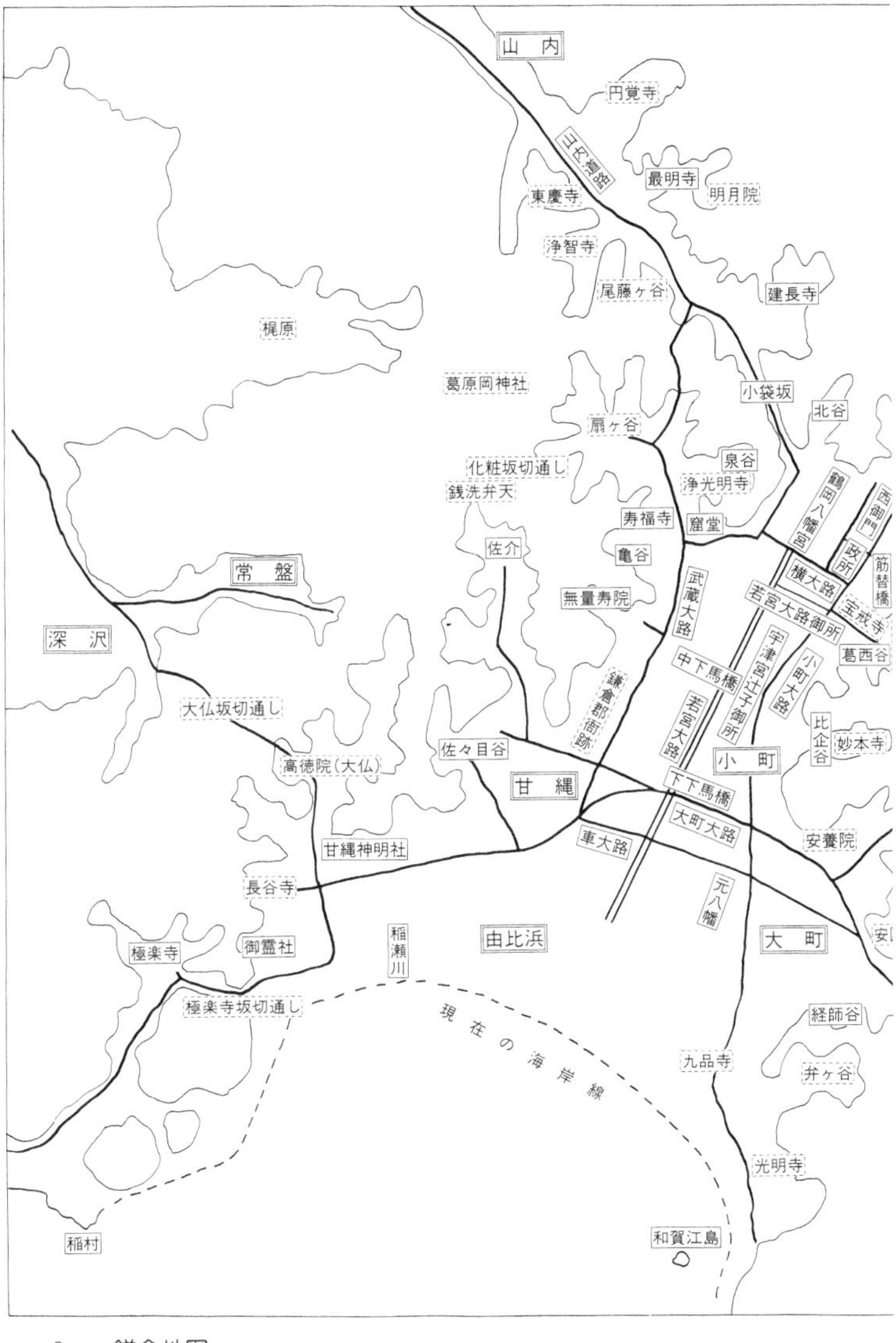

山内
円覚寺
山内道路
最明寺
明月院
東慶寺
浄智寺
尾藤ヶ谷
建長寺
梶原
葛原岡神社
小袋坂
北谷
扇ヶ谷
化粧坂切通し
泉谷
浄光明寺
銭洗弁天
寿福寺
窟堂
鶴岡八幡宮
西御門
佐介
亀谷
政所
筋替橋
常盤
横大路
若宮大路御所
宝戒寺
無量寿院
武蔵大路
深沢
宇津宮辻子御所
葛西谷
中下馬橋
小町大路
鎌倉郡衙跡
大仏坂切通し
若宮大路
比企谷
妙本寺
佐々目谷
高徳院(大仏)
小町
甘縄
下下馬橋
大町大路
安養院
甘縄神明社
車大路
長谷寺
元八幡
稲瀬川
由比浜
大町
極楽寺
御霊社
極楽寺坂切通し
現在の海岸線
経師谷
九品寺
弁ヶ谷
光明寺
稲村
和賀江島

8――鎌倉地図

て、ついに三浦氏への攻撃を開始する。

安達泰盛をはじめとする安達軍は甘縄《あまなわ》の邸宅の門前にある小路を東に行き、若宮大路《わかみやおおじ》中下馬橋《なかのげばばし》で北に向かい、鶴岡八幡宮《つるがおかはちまんぐう》の赤橋《あかはし》を渡って、西御門《にしみかど》にある三浦氏の邸宅に攻めかけた。安達氏の蜂起を知った時頼は中立の態度から一転して安達方につき、三浦氏への攻撃に加わる。

西御門を追われた三浦泰村は、頼朝の法華堂《ほっけどう》へと逃げ込んだ。永福寺《ようふくじ》に陣を構えていた弟の光村は、永福寺でともに戦うことを泰村にすすめる。しかし泰村は、頼朝の法華堂で最期の時を迎えることを提案する。これをうけいれた光村は法華堂まで移動した。彼らは頼朝の御影の前でひとしきり思い出話をした後、一族五〇〇人あまりとともに自害したという。

こうして宝治合戦は、三浦一族の滅亡と安達・北条一族の勝利のうちに幕を閉じた。これによって摂家将軍の影響力も衰えることになる。

翌七月には、六波羅探題として在京していた北条重時がはれて連署に迎えられる。

すでに寛元四年（一二四六）九月一日の段階で、時頼は重時を連署として鎌倉に迎えたいと三浦泰村に相談していた。しかしこの時には泰村に一蹴されてしまう。三浦氏なき今、ようやくそれが実現したのである。京都から鎌倉にもどってきた重時は、かつての執権である経時が住んでいた邸宅に入った。ここには、幕府の中枢を担う評定所や東小侍所が造営されている。

建長《けんちょう》元年（一二四九）十二月。ようやく重時を連署に迎えた執権の時頼は、裁判を迅速にすすめることを目的として引付方を創設し、引付衆を任命した。幕府に引付という制度が誕生したのである。

引付方は評定衆の下に三つ設置された。ひとつずつが訴訟を担当するグループとなる。各引付方は評定衆・引付衆・奉行人で構成された。リーダーとなる引付頭人《ひきつけとうにん》は評定衆から選出される。引付頭人は執権・連署に次ぐ地位であった。引付では訴訟の予備審理がおこなわれ、その結果を受けた評定で判決が決定することになる。

人数や引付方の数は時期によって増減するが、幕府滅亡までこのしくみは続けられた。引付という制度も、六波羅探題や鎮西探題に導入され、形を変えながら室町幕府や鎌倉府にも継承されていった。評定とともに引付も、北条氏が残した遺産のひとつなのである。

2 得宗の登場

眼代、赤橋長時

建長三年（一二五一）十二月二十二日。鎌倉で謀反のうわさがたった。二十六日には三浦氏一族の僧の了行《りょうぎょう》が捕らえられ、千葉氏一族の矢作左衛門尉《やはぎさえもんのじょう》らの謀反が発覚したという。騒動が大きくなり、多くの武士が鎌倉に競うように集まった。しかし、早くも翌日には謀反の当事者たちが配流に処せられている。近国から集まった御家人たちには帰国するよう命令があった。

この謀反計画の背後には、将軍の九条頼嗣の祖父で朝廷内に一定の立場を得ていた九条道家や、有力御家人の足利氏などもかかわっていたようである。

建長四年（一二五二）二月。鎌倉で九条頼嗣が将軍の地位を追われ、京都では九条道家が没する。三月二十一日には頼嗣が鎌倉を追われて上洛した。父頼経と同じように、佐介時盛の邸宅を経由したという。

すでに三月十九日には京都の六波羅を出発していた宗尊親王《むねたかしんのう》は、四月一日に鎌倉に到着し、鎌倉幕府初の親王将軍となった。

こうして北条時頼は、曾祖父《そうそふ》の北条義時が実現できなかった親王将軍を誕生させた。この頃までに、執権・連署・評定・御成敗式目・引付・親王将軍といった幕府制度の根幹が完成したのである。親王将軍という発想は、のちの建武政権にもとりいれられた。

康元《こうげん》元年（一二五六）になると、時頼は病気に悩ませられる。九月からたびたび床に伏していた時頼は、十一月になって再び病状を悪化させた。二十二日には執権と武蔵国務《こくむ》、侍所別当および鎌倉の邸宅を赤橋長時《ながとき》に譲って出家を遂げる。時頼の嫡男である時宗《ときむね》はまだ六歳と幼かったため、長時が時宗の代理として起用されたのである。その立場を『吾妻鏡』は「眼代《がんだい》」と記している。

ところが、三〇歳の時頼は病から回復する。その後は幕府の役職をすべて辞任している出家した身でありながら、北条氏の本宗家である得宗《とくそう》として幕政の実権を握った。執権という地位とは別に幕府を主導する、得宗という立場が登場したのである。

得宗という名称はこれまで、北条義時の法名に由来すると言われてきた。しかし近年の研究では、得宗とは時頼によって義時に贈られた追号である可能性が指摘されている（細川二〇〇七）。義時に結びつけて自分の正当性を主張するために、時頼は道崇《どうすう》という自分の法名の一字をとって義時の追号を徳崇《とくすう》とし、それがのちに得宗《とくそう》と表記されるようになったというのである。

これにしたがえば、時頼によって得宗という概念がうみだされたことになる。執権という立場をこえた得宗として幕政を担うことの正当性を、時頼は曾祖父の義時に求めたのである。

9―赤橋長時像
鶴岡八幡宮の南にかかる赤橋の近くに邸宅をもったことから，赤橋の名字を名のったといわれる

ただし、時頼が最初から得宗として順調に政権を運営していたかどうかには疑問も残る。

すでに記したように、執権と連署には相模守と武蔵守が就任するのが通例であった。しかし、執権に就任した寛元四年（一二四六）の段階で時頼はまだ左近将監《さこんのしょうげん》であり、相模守となったのは三年後の建長元年（一二四九）である。それに対して眼代と記される長時は、執権を譲られる四ヵ月前からすでに武蔵守であった。すでに武蔵守であった長時への執権の譲渡は、既定路線であった可

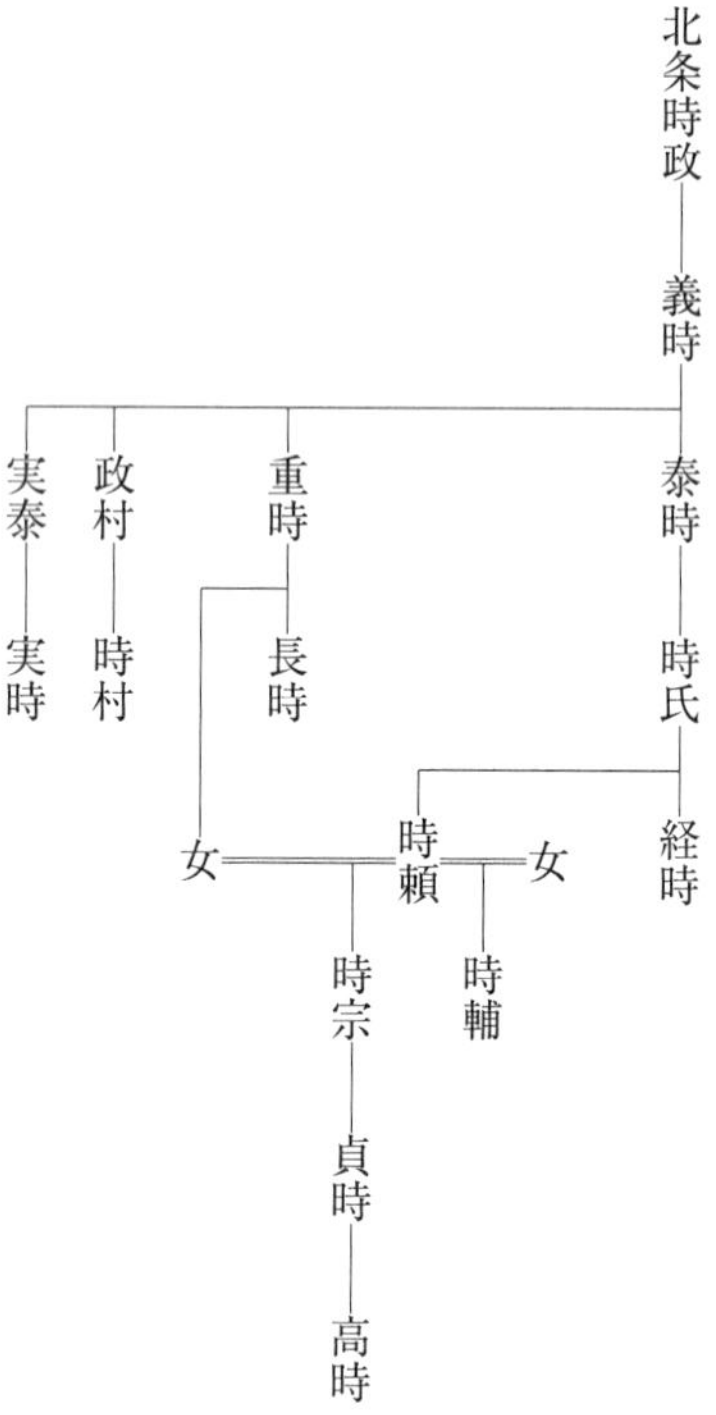

10―「得宗の登場」系図

能性すらある。

　そもそも執権であった頃から、時頼の立場は不安定なものであった。

　連署に重時を迎えたいという希望は、三浦泰村に一蹴されていた。宝治合戦後に評定所や東小侍所が造営されたのは、執権の時頼ではなく連署の重時の邸宅であった。この頃の幕府の実力者は、重時であったと評価することもできる。時頼が執権を譲ったのも、この重時の息子である長時であった。時頼は重時流北条氏に配慮しなければならなかった可能性も否定できない。

　長時は文永《ぶんえい》元年（一二六四）に病を得て執権を辞任し、翌年にはこの世を去った。長時がもう少し長く生きていれば、時宗の「眼代」とは記されなかったかもしれない。しかし得宗として生き残った時頼の子孫によって編纂された『吾妻鏡』には、長時の立場を「眼代」と表現するのが一番都合よかった。

　勝者によって歴史が語られるひとつの典型例であろう。

幕府の制度上に何の役職ももたないまま、時頼は幕政を主導する立場にあった。時頼は嫡男《ちゃくなん》の時宗《ときむね》が自分の後継者であることを、ことあるごとにアピールしている。

北条時宗の登場

時宗には異母兄の時輔《ときすけ》がいた。時宗は時頼にとっては二番目に生まれた男子だったのである。しかし、二番目に生まれた子供であっても、時宗が嫡流であると時頼は定めている。時輔の母は将軍の女房であった。それに対して時宗の母は重時の娘であった。母親の出自の差が、二人の関係を決定づけていた。

時頼は兄経時が急死したことをうけて突如執権となるという、不安定な立場を経験していた。息子たち兄弟の間には争いが起きないよう、事前に序列を決めたのである。

文応《ぶんおう》元年（一二六〇）二月。一〇歳の時宗は小侍所《こさむらいどころ》の別当《べっとう》となる。小侍所とは、将軍御所の宿直や将軍の供奉をするために必要な御家人を管理する機関である。別当はその機関の長官をあらわす。この時すでに、北条氏一族の金沢実時《かねさわさねとき》が別当として在任していた。小侍所は別当が二人という体制となる。

実時はすでに別当在任が二〇年以上にもおよぶ経験豊富な人物であった。武蔵国の六浦《むつら》に称名寺《しょうみょうじ》を建立し、その境内に金沢文庫《かねさわぶんこ》を建てて書籍を収集するなど、文筆に通じた武士でもある。時宗の実務経験の手ほどきはその実時に託された。職務に忠実な実時は、二七歳年下の時宗に大きな影響を与え

11—円覚寺境内絵図
鎌倉幕府滅亡の直後に作成されたもの．北条時頼の没した「最明寺」の名が右端中段にみえる

たはずである。

弘長《こうちょう》元年（一二六一）四月。時宗は妻を迎えた。妻は安達義景の娘でのちに安達泰盛の養女となった、堀内殿とよばれる女性である。

弘長三年（一二六三）十一月二十二日。鎌倉の山内にある最明寺《さいみょうじ》亭で、時頼が三七歳の生涯を閉じる。時宗はこの頃まだ一三歳。得宗として幕府の先頭に立つのにはまだ若すぎると周囲に判断されたためか、すぐに幕府人事が動くことはなかった。

翌文永元年（一二六四）七月。執権であった赤橋長時が出家し翌月には没してしまう。時宗を幕府中枢にすえる構想は動き出さざるを得なくなる。しかし、この時でもまだ時宗は一四歳。そのためすぐに執権に就任することはできなかった。

同年八月。すでに六〇歳になっていた北条政村が連署から執権へと移る。時宗はとりあえずはその連署に就任した。

文永三年（一二六六）三月。引付が停止される。重要なことは直接に時宗が判断し、細かいことは問注所に担当させるという措置がとられた。この政策は、得宗である時宗に権限を集中させようという意図を含んでいたようである。

しかし、引付は三年ほどで復活する。得宗である時宗の存在は認めるが、そこへの権限の一元化までは認めがたいという、幕府内の反発があったのであろう。

引付が廃止されている間に、幕府では大きな事件がおきた。将軍である宗尊親王が鎌倉を追放されて京都に帰ったのである。

文永三年（一二六六）七月。宗尊親王は鎌倉を後にした。九条頼経・頼嗣の時と同じように佐介時盛の邸宅を経由している。後任の将軍には、宗尊の子でまだ三歳の惟康《これやす》が就任した。

幼い頃から将軍として御家人の奉公をうけた人物が成長していくと、将軍と御家人との間には濃密な主従関係がうまれる。将軍がこれを自覚すると北条氏の地位は危うい。これまでの寛元の政変などから、成人した将軍と御家人が結びつくことの脅威を、幕府中枢の人々は学んでいたのであろう。

宗尊親王が追放されるときにも、これに異を唱えるために示威行動に出た御家人がいた。北条氏一族の名越教時《のりとき》である。

彼は甲冑をつけた軍兵数十騎を連れて、宗尊親王が出発する直前に薬師堂谷《やくしどうがやつ》にある邸宅から幕府近くの塔辻《とうのつじ》の宿所までやってきた。これによって近隣はいよいよ大騒動になったという。教時は宗尊を追放する幕府中枢のやり方に対して思うところがあったので、だまってはいられなかったのであろう。

この行為がのちに教時を滅亡に追いやることになる。執権の時宗は教時を制止したが、陳謝することはなかったという。

文永五年（一二六八）。時宗は一八歳でついに執権となる。連署にはそれまで執権であった政村が就任した。こうして、時宗を中心とした鎌倉幕府が本格的に動き出したのである。

寄合の登場

文永三年（一二六六）六月二十日。宗尊親王の帰洛の一〇日ほど前である。一六歳になっていた時宗の邸宅に、執権の政村のほか小侍所別当の金沢実時、時宗の妻の父である安達泰盛が集まった。彼らは当時の幕府の中枢を担う立場にあった。このほかの人々は参加しなかったという。『吾妻鏡』はこれを「深秘御沙汰」と記している。この会合によって宗尊親王の追放が決められたようである。

時宗の父である時頼がかつて執権に就任した際にも、当時の最高意志決定機関である評定で審議されることなく「深秘御沙汰」で就任が決められていた。名越光時が失脚し、前将軍の九条頼経が鎌倉を追われた時にも、「深秘御沙汰」がおこなわれている。

この「深秘御沙汰」が、のちに幕府の制度となる寄合の原型である。当時は幕府の有力者や執権の近親者が、重要な案件について話し合う場として機能していた。

「深秘御沙汰」は、次の執権の人事や将軍追放といった重大な決断を速やかにおこなうことを可能とした。しかし、幕府全体での合意を形成する手間は省略されている。そのため、寄合に参加しない勢力の反発を招くこともあった。

時宗が執権の時期にも何度か寄合が確認される。幕府の評定衆にして問注所執事でもあった三善康有《みよしやすあり》の記した日記のうち建治《けんじ》三年（一二七七）分といわれる『建治三年記』には、寄合が四回ほど開催されたという記録がみられる。

この頃の寄合は、執権であり得宗でもある時宗が必要に応じて招集していたようである。時宗期の寄合は、幕府の意志決定機関というよりはむしろ、得宗である時宗の諮問機関といった性格をもっていたのである。

『建治三年記』には、評定が寄合よりも高い頻度で定期的におこなわれていたことが記されている。形骸化した部分もあるとはいえ、基本的な政務は評定で処理されていた。重要な案件は時宗の指揮のもと寄合で決定されるにしても、評定はその意義を失ってはいなかったのである。

この寄合が緊急時の重大事項への対応という一時的な存在を脱し、得宗の諮問機関として機能し始めたのが時宗の執権在任期であった。寄合に参加することを認められた人々は、のちに寄合衆とよばれるようになる。

こうしてこの時期までに、執権・連署・評定・御成敗式目・引付・得宗・寄合といった幕府制度ができあがった。

時宗没後も評定の制度は原則として維持されるが、次第に寄合が実質的に幕府の最高意志決定機関となっていく。しかしそれは、得宗による独裁がすすんだ結果ではない。細川重男氏の言葉を借りれば、時宗没後の幕府の政治体制は「寄合合議制」(細川二〇〇〇)であった。これまでの研究でいわれてきたような得宗による独裁的な体制ではなく、寄合によって重要な判断が決定されるような体制だったのである。

敗者、名越氏

時宗が執権となった四年後の文永九年(一二七二)。二月騒動とよばれる政変が起きる。

宗尊親王の追放に批判的であった名越教時や、時宗の兄でありながら嫡流となれなかった北条時輔らが討たれた。時宗はこれによって得宗の立場を確立する。時宗の影には、敗者となった北条氏一族の存在があったのである。ここでは、北条氏一族のなかの代表的な敗者である名越氏についてみてみよう。

名越氏は北条氏一族のなかでも特異な存在である。名越氏の祖である名越朝時《ともとき》は北条義時の子で、泰時の弟であった。名越とは鎌倉の南東部にある地名である。ここにはかつて北条時政の邸宅があった。名越氏はその邸宅を継承していたようである。

『吾妻鏡』で時政は北条殿と記されており、息子の義時は江間《えま》殿と表現されている。義時の子の泰時は、はじめ江間太郎とよばれていた。江間とは、伊豆国北条にある地名である。泰時が義時の後継者であったことは間違いない。

12――善光寺

一方で時政の後継者は、時政の名越亭を継承した名越氏であった。義時の子孫が執権となり得宗として活躍するのに対して、名越氏は時政の後継者的立場でありながら幕府内で有力な地位につくことはできないでいた。得宗と名越氏との対立の背景には、北条氏の正統をめぐる対立もあったことが予想される。

名越氏の祖である名越朝時は、承久の乱で北陸道の大将軍となるなど幕府内で有力な地位にあった。嘉禎《かてい》二年（一二三六）九月十日には評定衆にも就任している。しかし朝時は、一度だけ出仕した後に評定衆を辞退したという。この頃から得宗と名越氏の対立の予兆はあった。

それでも、朝時と当時の執権泰時との関係は破綻することはなかった。仁治三年（一二四二）に朝時は、泰時の出家をうけてみずからも出家を遂げる。その後、寛元三年（一二四五）に五二歳で没した。朝時の遺言にしたがって、子息たちは善光寺で供養をおこなったという。

寛元四年（一二四六）三月二十三日。病気の経時にかわって時頼が執権となった。その直後に寛元の政変が起きる。

南北朝期に成立したとされる歴史書の『保暦間記《ほうりゃくかんき》』によれば、こ

13──「敗者、名越氏」系図

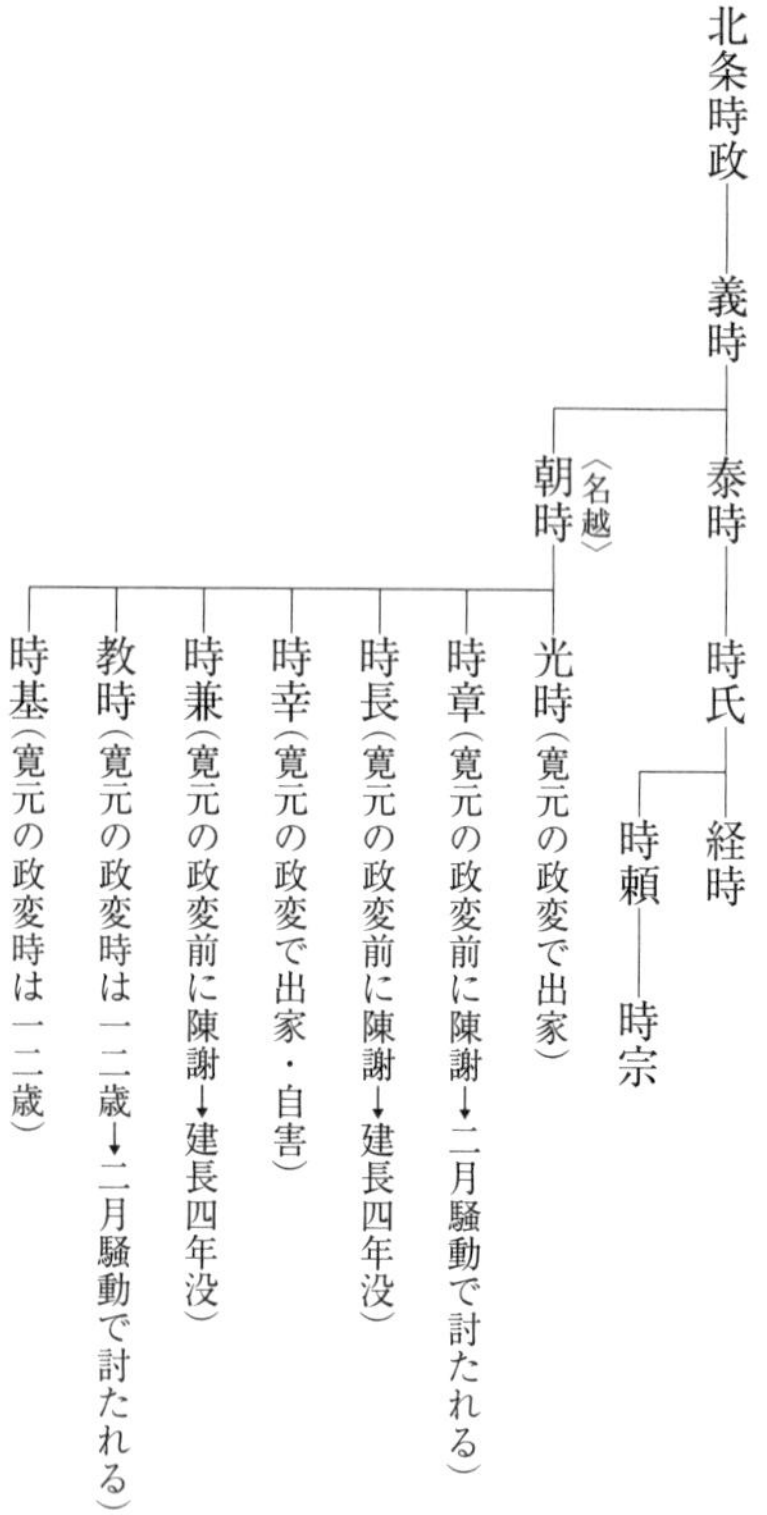

の時に名越光時は、自分が義時の孫なのに対して時頼は義時の曽孫にすぎないと口にしたという。光時が時頼の執権就任をこころよく思っていなかったことが、政変の発端ということになる。当時の将軍頼経に信頼されているという自負もあっただろう。

時頼は事前に光時《みつとき》の動きを封じたようである。五月二十五日になって勝算のないことをさとった光時は、出家して髻《もとどり》を差し出し時頼にわびた。光時の弟の時幸《ときゆき》も出家し、その六日後に自害したようである。名越時章《ときあき》、時長《ときなが》、時兼《ときかね》らは、事前に野心のないことを時頼に告げて陳謝していたため処罰されることはなかったが、光時は伊豆国江間に流されて失脚した。

結局、寛元の政変の時にはまだ一二歳と幼かった教時と時基《ときもと》の二人を除いた、朝時の子息五人全員が責任を追及された。執権となって得宗の地位を確立した時頼の影には、名越氏という敗者がいたのである。

寛元の政変で時頼に陳謝して許された時章・時長・時兼のうち、時長と時兼はともに建長四年（一二五二）に没した。時章はのちに教時とともに二月騒動で討たれている。次にその二月騒動の敗者について見てみよう。

二月騒動の敗者

文永九年（一二七二）二月十一日。名越時章と教時の兄弟の邸宅が襲われた。時章は自害し、教時は子息とともに討たれる。しかし、すぐに時章の討伐は誤りであったとされた。逆に時章を襲撃した五人が斬首となる。教時の追手には賞罰ともになかったという。同月十五日。京都では北方《きたかた》と南方《みなみかた》の二人が並ぶ六波羅探題のうち、北方である赤橋義宗《あかはしよしむね》が南方の北条時輔を襲撃してこれを討った。

この二つの事件をあわせて、二月騒動とよぶ。

時章を誤って襲撃したという理由で斬首された五人のうち、三人は時宗の被官《ひかん》であり一人は政村の被官であった。残る一人も時宗の被官であった可能性が高い。被官とは、いわゆる従者のことである。討手の主人が当時の執権・連署である時宗・政村だったのだから、彼らが名越兄弟を襲撃させたと考えるのが普通である。

名越教時は、宗尊親王が鎌倉を追放されるに際して、幕府近くまで軍勢をひきつれ示威行動にでた人物であった。時宗・政村に敵対する急先鋒として警戒されていたために、殺害されたのであろう。

一方で名越時章は、執権・連署につぐ地位である一番引付頭人《いちばんひきつけとうにん》の立場にあった。鎮西に多くの守護職をもつ有力な御家人でもある。彼に殺害される理由があるとしたら、執権・連署からその勢力を警戒されたとしか考えられない。実際に時章への襲撃は誤りとされたにもかかわらず、筑後・肥後・大隅の三ヵ国の守護職は名越氏の手を離れて大友頼泰《おおともよりやす》・安達泰盛・千葉宗胤《ちばむねたね》にそれぞれ与えられている。ただし時章に大きな落ち度があったわけではない。大義名分のない誅殺を正当化するために、誤りということにして執権・連署の被官がトカゲのしっぽのように切り捨てられたのであろう。

六波羅探題の要職にあった時輔にもまた、殺害されるような積極的な理由を見いだすことがむずかしい。あるとすれば、執権時宗の兄でありながら嫡流となれなかったという事実が対立を招かないよう、禍根を断つための処置をしたと考えるほかあるまい。

これまでの幕府における政争は、執権や連署・評定・引付・得宗・寄合といった制度や枠組みを生み出してきた。しかし二月騒動では、新しい何かが生み出されることはなかった。以後の幕府政治史における政変も同様である。

もしかすると時章や時輔は、幕府の要職につきながらこうした制度や枠組みを超えた存在になりつつあったために、時宗・政村から警戒されたのかもしれない。

おりしも蒙古襲来の危機がせまっていた。鎮西の守護や六波羅探題にはあらたな権限が必要となるかもしれない。実際に鎮西には後述するように特殊な措置がとられることになる。六波羅探題も、時輔の就任と前後して制度改革のただなかにあった。彼らが従来の守護や探題の権限を逸脱するような存在になることを、時宗・政村らが警戒してもおかしくはない。

蒙古襲来という対外的な危機に対応するため、事前に幕府内の制御しにくい勢力を排除しようという発想もあったであろう。二月騒動の敗者である名越時章と北条時輔は、蒙古襲来に備える戦時体制の最初の犠牲者であったともいえる。

3 鎌倉幕府の制度史

時頼の頃に引付方が創設されると、幕府の基本的な組織が出そろった。引付は訴訟を速やかに処理するための組織である。ここでは、幕府裁判の制度について大まかにみてみよう。

鎌倉幕府の裁判

その中心的な材料となるのは、鎌倉時代末期に成立した幕府の訴訟関係用語の解説書である『沙汰《さた》未練書《みれんしょ》』である。沙汰とは裁判を指す。未練とは不慣れ（未だ練れていない）という意味である。裁判に不慣れな人のために書かれたのが『沙汰未練書』である。

当時の裁判では、訴えを起こす原告が訴人《そにん》、訴えられる被告が論人《ろんにん》とよばれた。

訴人は、訴える内容を記した訴状《そじょう》を問注所に提出する。問注所にいる賦奉行《くばりぶぎょう》がこれをうけとり、その訴状を一定の順序にしたがっていずれかの引付方に配分する。引付方とは訴訟を担当するグループのことで、当初は三つ、最大で八つ、おおむね五つが設置された。ひとつの引付方には、リーダーとなる頭人のほかに評定衆・引付衆・奉行人が配置されている。

訴状をうけとった引付方では、公正を期すためにクジで担当の奉行人を選定する。担当となった奉行人は、引付頭人の名のもとに、論人に対して陳状《ちんじょう》の提出を命じる問状《といじょう》とよばれる文書を作成する。陳状とは、論人の反論を記した文書のことである。

訴状はここで問状をそえて訴人にわたされる。訴人はうけとった訴状と問状とを自分で論人に届けなければならない。

これをうけとった論人は、訴状に対する反論を陳状《ちんじょう》にまとめて引付方に提出する。引付方は、今度は訴人に対して問状を作成して陳状とともに論人にわたす。論人はこの問状と陳状を、やはり自分で訴人に届けなければならなかった。

このような訴状と陳状の往復は合計で三回おこなわれる。これを三問三答《さんもんさんとう》という。三問三答によって書面の審理がおわると、訴人と論人の両方が引付の座に呼び出されて口頭弁論がおこなわれた。

これらがすむと、ようやく引付方で審議がなされる。審議の結果をうけて、引付方では判決原案が作成された。この原案が評定衆による審議の場に上程される。

評定の場では、はじめにクジがひかれて発言の順序が決められた。地位や出自、あるいは年齢の高い者の意見に左右されないようにする配慮だったようである。

評定での審議を経て判決が確定すると、正式な判決文である下知状《げちじょう》が作成される。執権と連署がこれに花押を加えて、勝訴した側にその下知状が与えられた。

当初は引付方で複数の判決原案が作成されていたが、弘安《こうあん》七年（一二八四）以降はひとつに絞ることが決められた。評定では、引付方によって示された唯一の判決原案の当否のみを審議することになった。こうしたしくみを引付責任制という。これによって、引付方を主導する引付頭人の責任は大きなものとなった。

引付方は文永三年（一二六六）から約三年間、および永仁《えいにん》元年（一二九三）から約一年間の二度、廃されたこともあった。しかしいずれも復活しており、制度そのものは以後も残りつづけた。裁判の手続きは、原則としてこの方法が存続していたのである。

評定の整備

二度目の引付停止ののちに引付が復活したのは、永仁二年（一二九四）のことであった。翌永仁三年（一二九五）のことを記した太田時連《おおたときつら》の日記に『永仁三年記』がある。数ヵ月分しか残されていないが、ここから当時の評定や引付の様子を知ることができる。

太田時連は当時の問注所執事であり、評定衆でもあった。のちに五番引付頭人、寄合衆にまでのぼる人物である。幕府滅亡後の建武政権では雑訴《ざつそ》決断所《けつだんしょ》の番衆《ばんしゅう》に加えられ、さらに室町幕府でも問注所執事になっている。時連は、鎌倉幕府と室町幕府の両方で問注所執事となったのである。

彼のように建武政権や室町幕府にも仕えた鎌倉幕府の奉行人は少なくない。二つの幕府には、こうした人材の連続性があった。

時連が記したとされる『永仁三年記』によれば、鎌倉幕府には三種類の評定があったようである。毎月六回（五日・十日・十六日・二十日・二十五日・晦日）おこなわれる式評定《しきのひょうじょう》、毎月三回（一日・十三日・二十一日）ひらかれる内評定《うちのひょうじょう》、そして毎月五回（二日・七日・十二日・二十三日・二十七日）開催される引付評定《ひきつけのひょうじょう》の三つである。このほかに、不定期で寄合が催されていた。

式評定は幕府儀礼における正式な評定であり、評定衆による定例の会議である。

内評定は、室町期の例からすると、問注所構成員による会議だといわれている（岡二〇〇五）。

引付評定は、引付方が作成した判決原案を評定衆に上程する会議である。当時、引付方は一番から五番までの五つがあった。引付評定のうち毎月二日は一番と四番、七日は二番と五番、十二日は三番と一番、二十三日は四番と二番、二十七日は五番と三番というように、あらかじめ引付方は月に二回ずつ割り振られている。担当となっている引付方は、その日に判決原案を評定に示すことになっていた。

引付評定で判決が確定すると、その日の日付で裁許を下す下知状が作成された。鎌倉幕府が裁許を下す関東下知状《かんとうげちじょう》の日付をみると、永仁二年（一二九四）以降は引付評定の定例日である五日分（二日・七日・十二日・二十三日・二十七日）が全体の七割を占めている。

引付評定は、鎌倉幕府も六波羅探題も五の倍数に二を加えた日付が設定されている。例外は二十三日である。

さかのぼると、弘長三年（一二六三）十一月二十二日に北条時頼が没している。時頼は、まさに引付の制度そのものを創始した人物であった。鎌倉と六波羅では、時頼の命日である二十二日を避けて二十三日に引付評定をおこなっていたようである。あとで触れる鎮西探題でも、得宗である北条貞時《さだとき》の没後には、その命日である二十六日をはばかって二十七日に引付評定の日程を移している。

評定はさまざまな事情で延引されたり臨時的な措置で日程が移されたりすることもあったが、おおむね永仁二年（一二九四）より後は、上記のように定期的に評定が開催されていたようである。

この頃の執権は貞時であった。のちに執権を退いた彼に対して、政道に励むよう諫めるために『平政連諫草《たいらのまさつらいさめそう》』が書かれたという。ここでは毎月の「御評定」五ヵ日、「御寄合」三ヵ日、「奏事」六ヵ日に欠席することなく参加するよう記されている。

ここでいう「御評定」は、月五回おこなわれる引付評定であろう。月に六回こなわれる「奏事」は、式評定と同じ回数である。「奏事」と式評定はおなじものを指す可能性がある。これが認められれば、月三回開催される「御寄合」は『永仁三年記』の内評定を指しているかもしれない。

以上のように、永仁年間以降に幕府で、式評定・内評定・引付評定が定期的におこなわれていた。寄合も定期的におこなわれていたとすれば、幕府の制度として寄合が整備されたことになる。

これによって政治の形骸化がもたらされたという、負の側面も確かに認めざるを得ない。しかし評定などの会議の定期的開催は、幕府機構の整備と精緻化として評価できる。

幕府役職の序列

上記のような幕府制度が永仁年間頃までに固まってくると、執権・連署・評定衆・引付衆・寄合衆といった役職につく家の格も固定されていった。幕府の要職につく者は限られていたので、彼らを「特権的支配層」（細川二〇〇〇・二〇一一）とよぶ。

寄合衆を輩出するレベルである寄合衆家は、北条氏の嫡流を筆頭に得宗傍流・名越時章系・赤橋家・普音寺《ふおんじ》家・政村流時村系・金沢家顕時系・大仏《おさらぎ》家宗信《むねのぶ》系の北条氏八家のほか、長井《ながい》氏や摂津《つ》氏などの文士系六家、外様系の安達氏顕盛系や、御内人系の長崎・諏訪・尾藤《びとう》の各嫡流三家の、合計一八家であった。

評定に参加する評定衆を輩出する評定衆家は、寄合衆家の下のレベルに位置づけられる。ここには北条氏一族傍流の一二家、文士では二階堂氏傍流諸家、外様系の武士の家では安達氏傍流諸家や佐々木氏・宇都宮氏・後藤氏などの諸家、御内人系では長崎・諏訪・尾藤の傍流や安東氏・工藤氏などの諸家が含まれる。

これらの家格は鎌倉時代を通してできあがったものである。政変などによって入れかわりはあるものの、それほど大きく変動することはなかった。生まれによってどこまで昇進するかはほぼ決められていたのである。

家格が固定されると、昇進のルートも固定的になる。評定衆のなかから選出される引付頭人の昇進も、いくつかの例外はあるものの、鎌倉時代も後半になる頃にはおおむね以下のような一定の原則が見られるようになった（佐々木二〇一一）。

引付方が五番まであった場合、一番引付頭人が序列の最高位で五番引付頭人が最下位となる。このレベルにまで昇ることが可能な寄合衆家に含まれる一族は、大きい番数から小さい番数へと昇進していくのが原則であった。

得宗以外の執権や連署は、ほとんどが一番引付頭人を経由している。この一番引付頭人にたどりつくためには、初任が三番よりも若い番数でなければならなかった。北条氏の多くは三番あるいは四番引付頭人を初任とするのが基本であった。ただし、順調に昇進したとしてもなかなか一番引付頭人となることは難しかった。

一方で、初任が一番引付頭人の人物はその後に執権や連署となることが多く、はじめからそこまでの昇格を期待されていたようである。

番を飛びこえての昇格はほとんどなかったし、番を降格することも少なかった。

降格は上位に誰かが抜擢されたときに生じるが、抜擢された人物が執権や連署などに昇格して引付頭人から抜けていくと、降格した引付頭人はまもなく降格前の立場に復帰している。懲罰的に降格させられたり、降格したまま退任に追い込まれたりすることはあまりなかった。

引付頭人を軸とした秩序は、京都に置かれた六波羅探題をも含んでいた。引付頭人を経由せずに探題となった場合には、鎌倉にもどると多くが三番か四番の引付頭人となっている。それに対して引付頭人を経験したのちに探題となった場合には、鎌倉にもどると一番引付頭人に就任した。

六波羅探題は、北方と南方の二人が在任するのが基本である。二人の探題のうち引付頭人を経験している方が、執権探題《しっけんたんだい》となって他方よりも優位に立つことが多かった。これにしたがえば、執権探題は二番引付頭人に、もうひとりの探題は五番引付頭人に相当するランクであったことになる。

このように、六波羅探題もふくめた引付頭人を軸とする幕府内の役職は、安定して秩序だった運用によって維持されていたのである。

守護制度の濃淡

鎌倉幕府の中枢部は、特権的支配層によって上記のように運営されていた。中枢部から地方に目を移すと、幕府の地方制度には六波羅探題のほかに鎮西探題があり、国ごとには守護が、荘園・公領ごとには地頭が設置されていた。

探題については後述するとして、ここではまず守護についてみてみよう。

守護制度は、鎌倉幕府が成立していく段階からすこしずつ整備されていった。当初は地域によって守護人とか惣追捕使などとよばれている。名称だけでなく、その権限もまちまちだったようである。

貞永元年（一二三二）に「御成敗式目」が定められると、①大番役の催促、②謀叛人の逮捕、③殺害人の逮捕の三つが、大犯三箇条として守護の職務とされた。

①の大番役とは、御家人が順番に交代で勤める役である。天皇や上皇の御所を警備する京都大番役と、将軍の御所を警備する鎌倉大番役とがあった。大番役の催促とは、担当する国内の御家人を守護が京都や鎌倉まで引率し、その場で御家人を指揮する権限のことを指している。西国では、守護が御家人を引率するのが一般的であったが、東国の場合には、一族単位で大番役を勤めることが多かった。この権限を背景にして、守護が御家人を動員することができたのである。②③は、担当する国内における重大な犯罪者をとらえる権限のことであり、総じてこれを検断権《けんだんけん》という。

守護は国ごとに設置されたといわれる。しかし、守護のようなことをしていても、実際には守護という役職名でよばれない国がいくつかある。そしてそれは東国に多い。駿河・伊豆・武蔵・相模などでは守護という語はみられない。守護制度は、東国で一貫した姿を見せることのない濃淡のある制度だったのである。

鎌倉幕府の守護制度は、東国よりもむしろ西国で発達していた。

寛喜《かんぎ》二年（一二三〇）二月二十日の日付で作成された小《お》山朝政《やまともまさ》の譲状《ゆずりじょう》には、朝政から嫡孫の長村に財産や権限を譲ることが記されている。譲られたもののなかには、播磨国《はりまのくに》の守護《しゅご》奉行職《ぶぎょうしき》と下野国《しもつけのくに》の権《ごんの》大介職《おおすけしき》とがあった。いずれの職も、これまでの研究では守護と認定されてきたものである。これに代表されるように、西国では守護あるいは守護奉行職とよばれるような立場が、東国では大介などといった国衙《こくが》の役職で表現されることがあった。

国衙とは、古代以来各国におかれた国ごとの政務を担当する役所のことである。国衙には都から国《こく》司《し》が任期付きで派遣されるが、国衙内の役職は現地の有力者によって担われた。彼らを在庁官人《ざいちょうかんじん》とよぶ。鎌倉幕府が拠点とする東国では、在庁官人の系譜に連なる一族が古代以来の権限を継承して、守護のような職務を果たす例が見られる。

たとえば承元《じょうげん》三年（一二〇九）には、幕府近国の守護に対して守護に任命（補任《ぶにん》）されたことを示す下文を提出するよう幕府が命じた時、下総《しもうさ》の千葉氏、相模《さがみ》の三浦氏、下野《しもつけ》の小山氏は、それぞれ次のような回答をしている。

千葉氏は、千葉庄の検非違所《けびいところ》を先祖代々務めていて、千葉常胤《つねたね》が頼朝に下総の一国守護職に任命されたと主張する。三浦義村は、祖父の義明《よしあき》以来相模国の雑事に関わっており、父の義澄《よしずみ》が頼朝から検断に関することを処理するよう命じられたという。小山氏の場合は、先祖が下野の押領使《おうりょうし》に任命されて以来一三代数百年にわたって下野における検断を担当しており、この立場を小山政光《まさみつ》が息子の小山朝政に譲った際にそれを承認（安堵《あんど》）する内容の下文を頼朝からたまわったと述べている。

千葉氏は検非違所、三浦氏は相模国の雑事に関わる立場、小山氏は押領使というように、それぞれ異なる地位が頼朝によって安堵されていた。古代以来の既得権益が承認され、それが守護のようなものとされていたのである。これが鎌倉幕府の東国におけるひとつの特徴であった。

新たな制度に沿った人員配置をするのではなく、既得権益を認める形で制度を運用していたのである。背景には、鎌倉幕府が東国政権という性格をもちあわせていたことがあげられる。

実際に守護という語の用例を比較してみると、その数は圧倒的に西国に多く東国に少ない。鎌倉幕府の守護制度は東国の中でも濃淡のある制度であり、列島規模で考えれば、西国と東国でも濃淡のある制度だったのである。

守護制度は、形を変えながらも建武政権や室町幕府のもとで継続していった。この制度は北条氏の残した遺産のひとつといえよう。次にふれる御家人制もまた同様である。

御家人制の濃淡

鎌倉幕府の守護は、大番役などの際に御家人を動員する権限をもっていた。特定の主人に仕える武士を家人という。幕府成立後は源頼朝の家人のことを特に御家人とよぶ。

鎌倉幕府の御家人制は、幕府が成立していく時期から段階的に整備されていった。御家人制もまた、守護制度とおなじように東西で濃淡のある制度である。

頼朝が奥州藤原氏を滅ぼした後、西国では御家人のリスト（交名《きょうみょう》）が改めて作成される。この時点で、西国における頼朝の従者とそうでない者との区別が明確となった。西国の武士で頼朝の従者となったものが西国御家人である。そうでない武士は「非御家人《ひごけにん》」であり、のちには「本所一円地住《ほんじょいちえんちじゅう》人《にん》」とよばれた。

本所《ほんじょ》とは、一般的に荘園の領主のことを指す。現地で荘園を管理をする荘官クラスの武士が御家人となった場合には、その御家人が地頭となる。しかし御家人とならない場合、地頭のいないその荘園は本所一円地となり、その武士はのちに本所一円地住人とよばれるようになった。

一方で東国では、武士階級のほぼ全員が御家人となっており、御家人にならないという選択をする余地のあった西国とでは、様相が異なっていた。鎌倉幕府の御家人制は、西国に比べて東国の方がより濃密な制度だったのである。もちろんその背景には、鎌倉幕府が東国にうまれた政権であったことが大きく影響していた。

東国の軍事政権から出発した鎌倉幕府は、強大化していくうちに朝廷との関係を明確にせざるを得なくなった。そのときに利用されたのが京都大番役の制度である。

京都大番役は、頼朝が奥州藤原氏を滅ぼしたのちに整備された。平氏の頃からそのしくみはあったが、頼朝はこれを勤める武士を御家人に限定する。天皇の御所の警備をおこなう京都大番役は、国家的な軍務であった。これを頼朝の従者である御家人が独占的におこなうことにしたのである。

これによって、頼朝の率いる鎌倉幕府が国家の軍事を担当する立場にあることが明らかになった。国家において軍事・警察を担当する部門（軍事権門《けんもん》）として幕府が位置づけられたのである。幕府は東国では東国政権としてふるまい、朝廷をはじめとした西国では、軍事権門という立場にたつことになった。

先に述べた守護制度でも、同じような鎌倉幕府の性格がみえてくる。

東国に守護の語の用例が少ないのは、東国武士の既得権益を認めて守護のようなことを担当させていたからであった。これは幕府が東国政権であることからくる現象である。一方で西国では、幕府は軍事権門として各国の軍事・警察を担当する立場にあり、御家人を新たに西国の守護として任命していた。

守護制度と御家人制から分かるように、鎌倉幕府は東国政権と軍事権門というふたつの性格をもっていたのである。

Ⅱ　蒙古襲来と安達泰盛

14―『蒙古襲来絵詞』「奮戦する竹崎季長」
竹崎季長は肥後国出身の御家人で，2度の蒙古襲来の際に活躍した．『蒙古襲来絵詞』は，幕府で恩賞をとりなしてくれた安達泰盛の恩に報いるために，竹崎季長が作成させたものといわれる．

1　蒙古襲来に備えよ

かつて、モンゴルの軍勢が日本列島に襲来したことがある。それは蒙古襲来とよばれた。

モンゴルからの使者

蒙古襲来は、文永《ぶんえい》十一年（一二七四）と弘安《こうあん》四年（一二八一）の二度である。一度目を文永の役、二度目を弘安の役とよぶ。二度ともモンゴルの軍勢は退却している。

一二〇六年にチンギス・ハーンによって統一されたモンゴルは、ユーラシア大陸をまたにかける大帝国となる。一二五九年には高麗がモンゴルに服従した。当時のモンゴルの皇帝フビライは、一二六六年に日本に宛てて国書を作成する。兵部侍郎《へいぶじろう》黒的《こくてき》と礼部侍郎《れいぶじろう》殷弘《いんこう》の二人が、使者に任じられた。翌年に二人は、高麗国王がつけた案内人とともに朝鮮半島南部の巨済島《コジェド》に到着する。

しかし、一行は日本列島へとむかう海路の荒波を見て、ひきかえすことをきめた。フビライはこれに納得せず、改めて日本への使者の派遣を命じる。

文永五年（一二六八）正月。こうして初めて、モンゴルからの使者がやってきた。モンゴルの国書を携えた高麗の使者の潘阜《はんぷ》が、大宰府にやってきたのである。国書をうけとった大宰府の少弐資能《しょうにすけよし》は、

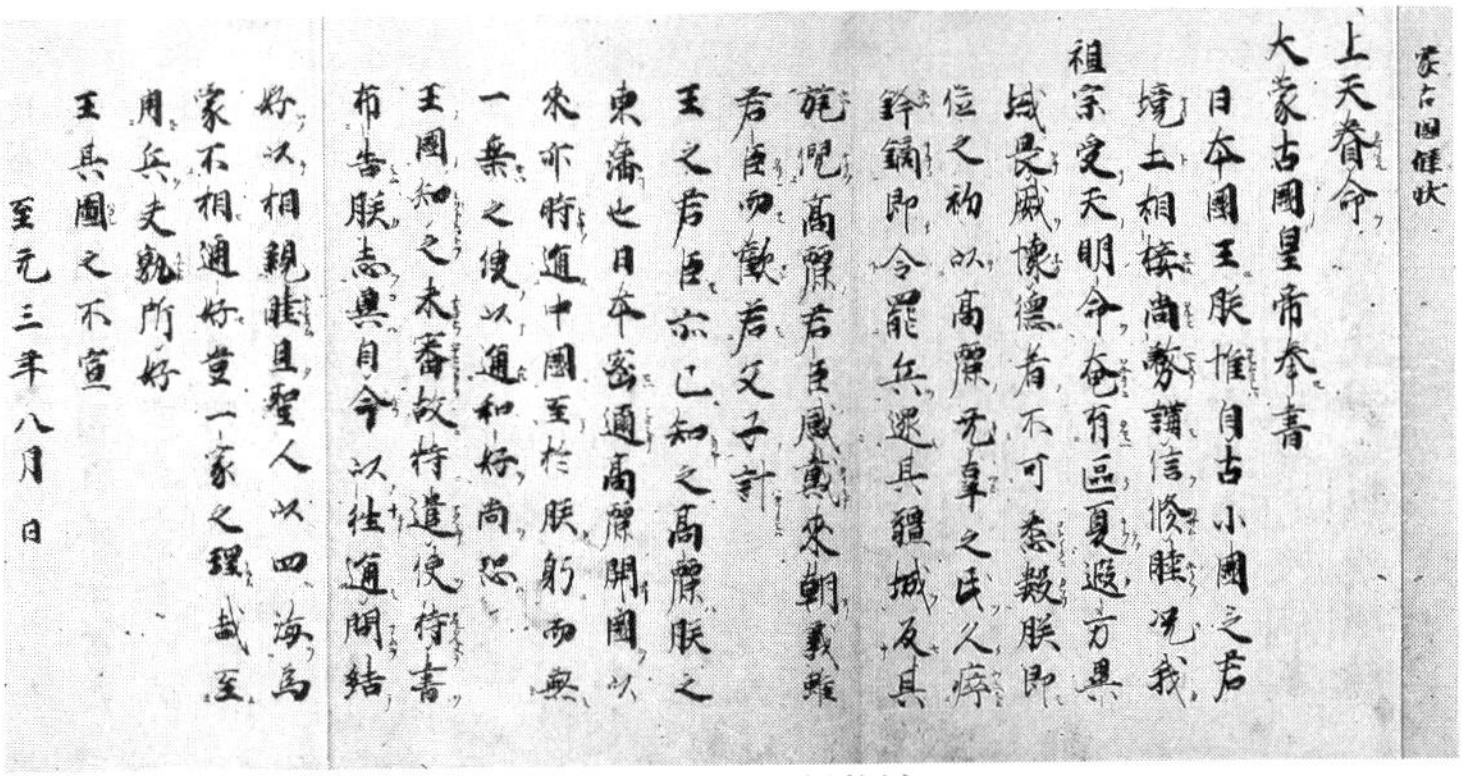
蒙古國牒狀

上天眷命
大蒙古國皇帝奉書
日本國王朕惟自古小國之君
境土相接尚務講信修睦況我
祖宗受天明命奄有區夏遐方異
域畏威懷德者不可悉數朕即
位之初以高麗無辜之民久瘁
鋒鏑即令罷兵還其疆域反其
旄倪高麗君臣感戴來朝義雖
君臣而歡若父子計
王之君臣亦已知之高麗朕之
東藩也日本密邇高麗開國以
來亦時通中國至於朕躬而無
一乘之使以通和好尚恐
王國知之未審故特遣使持書
布告朕志冀自今以往通問結
好以相親睦且聖人以四海爲
家不相通好豈一家之理哉至
用兵夫孰所好
王其圖之不宣
至元三年八月　日

15―「蒙古国牒状《ちょうじょう》」
大蒙古国皇帝から日本国王に宛てられた国書

使者はとどめて国書を鎌倉幕府に送った。

少弐資能は、大宰府に拠点を持つ御家人で、鎮西西方奉行《ちんぜいにしかたぶぎょう》とよばれている。鎮西東方奉行は大友頼泰《おおともよりやす》。モンゴル襲来に備えて二人は、幕府から鎮西における特殊な権限を与えられたようである。

少弐氏から連絡をうけた幕府は、これを朝廷に報告している。朝廷では、後嵯峨《ごさが》上皇のもと、院評定で対応がくりかえし検討された。その結果、国書（牒状《ちょうじょう》）に対しての返事（返《へん》牒《ちょう》）は送らないことが決定される。

高麗の使者である潘阜は、返牒をうけとれないままその年のうちに帰国の途についた。報告を受けたフビライは、再び黒的と殷弘を高麗に派遣する。彼らは潘阜らとともに改めて海を渡った。

文永六年（一二六九）二月。モンゴルと高麗の使節は対馬《つしま》まで到着する。そこで塔二《とうじ》郎《ろう》と弥二《やじ》郎《ろう》という二人の島民が捕らえられた。二人はモンゴルまで連れて行かれたという。この二人を送還する形で、モンゴルと高麗の国書を携えた使者が改めて派遣された。

文永六年（一二六九）九月。二度目となるモンゴルからの使者が、対馬を経て大宰府に到着する。高麗の使者は金有成《キムウソン》と高柔《コユ》であった。

一度目と同じように、大宰府にいた少弐氏が鎌倉幕府に報告し、十月には朝廷にその内容が伝えられた。ふたたび院評定がおこなわれ、返牒を出すべきかどうかが議論されている。その結果、今度は通好を拒否する旨の返牒を出すことが決定された。

返牒の文案が作成されると、それは幕府へと伝えられた。しかし幕府では、前回も返事を出していないのだから今回も返牒は送らないと決めている。結局、返牒は使節に渡されることはなかった。朝廷よりも幕府の判断が優先されたのである。

文永八年（一二七一）九月。高麗から送られてきた牒状について、院評定がおこなわれた。この牒状は、すでに八月には大宰府に届いていたのであろう。

実はこの時に届けられたのは、高麗からの牒状ではなく、三別抄《さんべつしょう》からの文書であった。三別抄とは、高麗における反乱軍である。モンゴルに制圧されつつあった高麗にあって、彼らは最後までモンゴルへの抵抗を続けていた。三別抄の文書には、近いうちにモンゴルが日本を攻撃するであろうこと、食糧を送ってほしいこと、救援のための軍隊を派遣してほしいことなどが書かれていた。

しかし、院評定ではその真意を読みとることができず、返牒は出さないという結論にいたったようである。その後、三別抄は文永十年（一二七三）四月に力尽きている。

文永八年（一二七一）九月十九日。三度目となるモンゴルからの使者が、筑前国にやってきた。使者は趙良弼《ちょうりょうひつ》。院評定で三別抄の文書を検討している頃である。

大宰府で少弐資能と対面した趙良弼は、モンゴルの国書を国王に直接手渡したいと要求したが、認められなかった。そのため趙良弼は国書の写しを作成し、書状を添えてそれらを少弐資能に渡している。

国書の写しは、幕府を経由して朝廷にもたらされた。またも院評定が開催され、返牒を送ることが決定された。しかしここでも幕府の判断が優先され、返牒は出さずに使者を無視することとなった。趙良弼は、これまでの使者と同じようにむなしく帰国することとなる。

蒙古襲来後の使者

文永の役の後も、モンゴルから使者が送られてきた。モンゴルはすでに元と国号を改めていたから、元からの使者ということになる。

建治《けんじ》元年（一二七五）四月。元からの使者である杜世忠《とせいちゅう》らが長門国室津《ながとのくにむろつ》にやってきた。この時の使者一行は鎌倉に送られ、龍口で首をはねられてしまう。

弘安二年（一二七九）六月。周福《しゅうふく》ら元からの使者が対馬に到着した。元へ貢ぎ物を送って朝貢《ちょうこう》することを勧める使者であったともいわれる。しかし彼らは、博多に送られて斬首されたようである。

弘安の役の後も、元は使者を送ってきていた。

16―元からの使者の墓

常立寺（神奈川県藤沢市）にある，杜世忠ら元からの使者を供養する墓．近年モンゴル出身力士らが参拝し，彼の地の風習にしたがって石塔に青い布を巻くようになった

弘安七年（一二八四）四月。日本国信使として派遣された王積翁《おうせきおう》が、対馬に上陸する。しかし、前回の使者のように斬り殺されることを恐れたためか、同行者が王積翁を殺害してしまう。使節の一行はやむなく帰国した。

正応《しょうおう》五年（一二九二）十月。金有成が高麗の使節としてやってくる。この時には元に朝貢することを高麗が勧めている。金有成も鎌倉に送られたが、斬り殺されず無事に高麗へと帰った。

文永五年・六年・八年・建治元年・弘安二年・七年と、少なくとも六回以上にわたってモンゴルからの使者がやってきている。正安元年（一二九九）には、僧の一山一寧《いっさんいちねい》も元の国書を携えて博多にやってきた。こうした事態は、継続的に朝廷や幕府に緊張を与え続けた。文永八年の三別抄と正応五年の高麗からの使者も、朝廷や幕府を大きく動揺させたはずである。

鎌倉幕府はその成立以来、どの勢力を敵としてみなすかを決定する実質的な権限をもっていた。相手が天皇や上皇であっても、敵方と認定することもできた。倒幕を試みた承久の乱での後鳥羽上皇や、鎌倉時代末期の後醍醐《ごだいご》天皇などはその例である（川合二〇〇六）。

使者を斬り殺した時すでに、幕府はモンゴルを敵とみなして徹底抗戦の方針を固めた。朝廷もそれにはしたがわざるをえない。残された道は、モンゴルと戦うことしかなかった。

西国へ下向せよ

文永五年（一二六八）正月。モンゴルから最初の国書がやってくる。その頃、幕府の中枢にいたのは、二年前に宗尊親王を鎌倉から追放することを決定した人々であった。その人々とは、執権の北条政村・連署の北条時宗・小侍所《こざむらいどころ》別当の金沢実時《かねざわさねとき》・時宗の舅にあたる安達泰盛《あだちやすもり》らである。

同年三月。執権と連署がいれかわり、政村が連署に、時宗が執権となった。モンゴルから使者がやってきたことをうけて、得宗が執権の座につくという本来あるべき体制にもどされたのである。しかし時宗は、この時でもまだ一八歳。実際には、六四歳の政村や四五歳の実時、三八歳の泰盛らが時宗を支えていた。特に実時は、小侍所別当として時宗に実務の手ほどきをした人物であった。

文永六年（一二六九）に引付が復活すると、引付頭人は一番から順に、名越時章《なごえときあき》・金沢実時・塩田《しおた》義政《よしまさ》・北条時広《ときひろ》・安達泰盛となった。彼らが評定の中心的な構成員である。

こうした幕府中枢の構成をふまえて、蒙古襲来への幕府の対応を順にみてみよう。

文永五年（一二六八）二月。モンゴルからの最初の使者がやってきた頃。幕府は西国守護に対して命令を発した。蒙古人が我が国（本朝《ほんちょう》）を襲おうとしているので用心するように、というのである。

文永八年（一二七一）九月。東国御家人のうち、九州（鎮西）に所領をもつ者に対して命令が下った。九州に赴き、異国の防御にあたれというのである。この命令は、将軍の意志を執権と連署の名前で伝える、関東御教書《かんとうみきょうしょ》という形式で出されている。幕府の命令を伝える一般的な文書の形式である。

薩摩国阿多北方《さつまのくにあたきたかた》の地頭にも、現地にむかうよう命令が下された。この時の地頭は、二階堂行久《にかいどうゆきひさ》の二女である。この頃、女性が地頭となるのは珍しいことではなかった。文永三年（一二六六）に二階堂行久の作成した譲状《ゆずりじょう》には、地頭をこの女性に譲ることが明記されている。譲状とは、財産を譲与することを記した文書のことである。翌年には、幕府によってこの譲状の内容が認められていた。

地頭であるこの女性に対して、幕府は「器用の代官」を現地に派遣するよう命じている。この場合の器用とは、異国警固を担いうるという意味であろう。女性の地頭は認められるが、戦力としては「器用」と認められなかった。蒙古襲来の危機を目の前にして、実際に戦える武士が鎮西では求められたのである。

異国警固や悪党鎮圧のためには、九州の御家人だけでは兵力が不足するのは目に見えている。実際に戦える武士を鎮西へ派遣しようというのが、幕府の意図であった。

同じ日付で、同じように鎮西への下向を命じる御教書が、肥後に所領をもつ小代右衛門尉《しょうだいうえもんのじょう》子息等にも出されている。小代氏は、もとは武蔵国の御家人であった。以後は九州に地盤を築いて江戸時代まで続いている。実際にこの時、武蔵から鎮西に赴いたようである。

幕府による鎮西への下向命令は、鎮西に所領を持つ御家人に対して一定の現実味をもって伝えられていた。

東国の御家人が西国の所領に赴くことを、現代では西遷《せいせん》という。そのこと自体は珍しいことではない。しかし上記のような幕府の方針は、東国御家人の西遷をうながした。東国の人々の西国への移住は、大規模な社会的シャッフルをもたらし、しばしば紛争のもとになった。

非御家人も動員せよ

文永十一年（一二七四）十月。元軍が対馬・壱岐を瞬く間に制圧する。

第一報をうけた幕府は、西国の守護に対して怠《おこた》らず防戦するよう命令を出した。この命令も、関東御教書の形式で出されている。

安芸国《あきのくに》の守護である武田信時に対しては、すぐに現地に下向して「国中の地頭・御家人ならびに本《ほん》所領家一円地《じょりょうけいちえんち》の住人等」を動員して防戦するよう命じている。ほぼ同内容の命令は、広く西国の守護に宛てて出されたようだ。

注目すべきは、御家人だけでなく、本所領家一円地《ほんじょりょうけいちえんち》の住人も動員の対象に含まれていることである。細かいことには目をつぶって簡単に説明すると、本所領家一円地とは、地頭がいない荘園のことである。本所および領家とは、荘園の領主のことである。公家や寺社などであることが多い。

幕府の介入を認めずに地頭が設置されないまま、領主が排他的に全体（一円）を支配している荘園を、本所領家一円地といった。一般的には本所一円地《ほんじょいちえんち》とよぶ。現代風にいえば、幕府に対して治外法権的な権限をもつ荘園といったところである。

その本所一円地に住む人々のうちで、武士の階級に属するような者のことを、特に本所一円地住人とよぶ。武士であっても御家人でないので、彼らは非御家人ともよばれる。

東国の政権である幕府は、西国に多くみられる本所一円地に対して手を出すことができなかった。むしろその必要もなかった。東国から離れた西国での紛争に対して、わざわざ介入しなくてもよかったのである。

しかし、実際に元軍が対馬・壱岐を制圧して蒙古襲来が現実のものになると、兵力の確保を最優先に考えた幕府は、ついに本所一円地住人の動員にふみきった。目の前に迫った危機に対して、もはやこれまでの原則では対応しきれないと判断したのであろう。

幕府の立場は、これによって大きく変化することになった。全国の武士を動員するという、東国の政権にとどまらない立場へと大きく踏み出したのである。

一方で、非御家人の動員は、彼らに恩賞を与えたり彼らの訴えを聞き入れたりするなど、これまでにない責任を幕府に負わせることにもなった。

異国警固番役を勤めよ

すでに文永九年（一二七二）には、異国警固《いこくけいご》番役《ばんやく》の原形ともいえるしくみが始まっていた。異国警固番役とは、蒙古襲来に備えて警戒すべき場所の警固を、一定の期間ごとに交替で武士に担当させるしくみである。輪番で九州の武士たちがこれを担当した。

文永の役で実際の戦闘を経験すると、沿岸の防備はより現実的なものとなる。

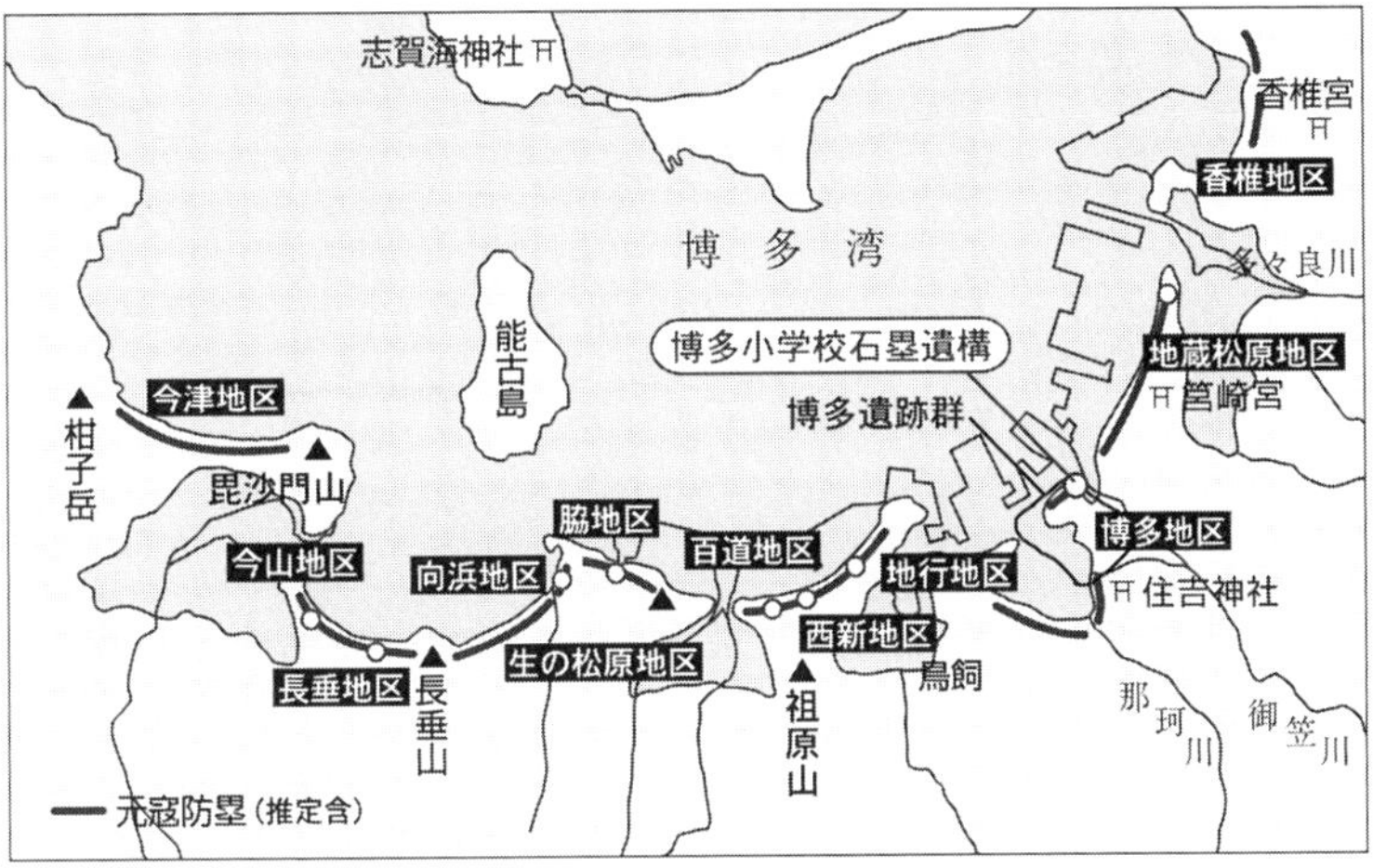

17――元寇防塁と博多の石塁遺構位置図
井上繭子「博多の元寇防塁」（『中世都市・博多を掘る』海鳥社，2008年）

建治元年（一二七五）二月。異国警固のための輪番が整備される。順番に何かを担当させることを番役という。この時は鎮西九ヵ国を四つのグループに分けて、春夏秋冬の四つの季節ごとに博多周辺の警備にあたらせた。具体的には、春三ヵ月は筑前国《ちくぜんのくに》・肥後国《ひごのくに》、夏三ヵ月は肥前国《ひぜんのくに》・豊前国《ぶぜんのくに》、秋三ヵ月は豊後国《ぶんごのくに》・筑後国《ちくごのくに》、冬三ヵ月は日向国《ひゅうがのくに》・大隅国《おおすみのくに》・薩摩国《さつまのくに》が担当している。

番役を勤める武士を動員するのは、守護の職務であった。参勤を証明する書類として、守護や守護代は覆《ふく》勘状《かんじょう》とよばれる文書をその武士に渡している。異国警固番役を勤める御家人は、京都や鎌倉の大番役を免除された。

建治元年（一二七五）六月。豊後・筑後の守護であった大友頼泰は、番役を勤める武士を招集した。本人が重病で参勤できない場合には、その旨を誓約書に書き、病気が治るまでは子息を代官として派遣するよう通達している。蒙古襲来の危機は、武士を動員する守護の側にも大きな緊張感をもたらしていた。

建治二年（一二七六）三月。博多湾沿岸に石築地を築造するよう命令が出された。文永の役の反省にたって、上陸を阻止するための防塁を築いたのである。

総延長で約二〇キロメートルにもなるこの石築地は、田地の面積に比例して担当する長さが定められ、九州の各国ごとに博多湾の各地域を分担して築造された。たとえば香椎《かしい》は豊後国、箱崎《はこざき》は薩摩国、博多は筑前国・筑後国、姪浜《めいのはま》は肥前国、生《いき》の松原《まつばら》は肥後国、今宿《いまじゅく》は豊前国、今津《いまづ》は日向国というように分担されたという。この工事は、御家人だけでなく本所一円地住人にも割り当てられた。同年八月にはおおむね完成したようである。

国ごとに石築地の築造を担当した地域が、そのままその国が警備を担当する地域になった。九州の武士たちは、自分たちのつくった石築地のある地域を自分たちで守ることになったのである。その結果、異国警固番役を担当する期間は国ごとにまちまちとなる。

博多から遠い国はおおむね年に一回、三ヵ月ほどにわたって滞在している。比較的近い国々は一ヵ月ほどの滞在であったが、年に数回は担当しなければならなかった。こうして博多の防備が固められた。

長門を警護せよ

同時に幕府は、中国地方の防備にもせまられていた。文永の役で攻撃を受けた博多だけでなく、長門国《ながとのくに》もまた、幕府にとって重要な防衛拠点だったのである。

建治元年（一二七五）四月。元からの使者である杜世忠《とせいちゅう》らが長門国室津《むろつ》にやってきた。博多にばかり目を奪われていた幕府は、改めて長門国を警備する重要性を知る。同年五月。守護を介して、周防・安芸の御家人に長門警固が命じられた。後に備後も加えられている。長門も含めたこの四ヵ国が、輪番で長門の警備を担当した。翌年には山陽道・南海道各国の御家人も加えられている。

18―関門海峡
手前が本州の山口県下関市．奥が九州の福岡県北九州市門司区

博多の異国警固番役と同じように、ここでも、国ごとに御家人が順番に警固を担当するしくみが採用された。また、長門には石築地も築かれたようだ。

弘安四年（一二八一）閏七月。長門を防備するよう安芸国《あきのくに》の御家人に伝える幕府の命令が出された。もしモンゴルの船が門司関《もじぜき》に侵入したら、すぐに防戦にむかえというのである。長門は、本州と九州とを分かつ関門海峡に面している。関門海峡の九州側が、門司関である。モンゴル軍がここを抜けてしまうと、瀬戸内海を経て京都周辺まで侵入されてしまう。門司関は防衛上の重要な拠点だったのである。

異国警固番役は、石築地の修造とともに鎌倉幕府滅亡後の南北朝期にもつづいたといわれている。室町幕府は鎮西管領に異国警固の監督や石築地の修造を命じていた。しかし、実際にこれらがおこなわれたかどうかは分かっていない。また、南北朝期にみられる博多警固番役は、鎌倉時代の異国警固番役の系譜を引くといわれてきた。しかし博多警固番役は、実際には鎮西管領の一色氏を警備することだったようである（佐伯二〇〇九）。

鎌倉幕府は、異国警固のために九州の武士を動員し、石築地を修造させたり異国警固番役を賦課したりしていた。それがのちの時代には、名目的なものになっていたようである。

異国を征伐せよ

攻撃は最大の防御という。警固番役や石築地の築造という防衛策と平行して、異国へ攻め入る計画も立てられた。鎮西から朝鮮半島に渡って、高麗を攻めようというのである。特に元の使者を斬り殺してからは、幕府は徹底抗戦の態度を示していた。

建治元年（一二七五）の年末。西国の守護が一斉に交替する。この時には金沢実時が豊前国の守護となった。実時の子の実政《さねまさ》が名代《みょうだい》として現地に赴く。名代とはこの場合、守護の分身のような存在をさす。南北朝期に成立したといわれる『帝王編年記』には、実政が「異賊征伐」のために鎮西に下向したと書かれている。これと前後して、異国征伐のための軍士徴発や船に関わる人員の確保もおこなわれている。建治元年末の守護の大量交替は、この異国征伐計画の一環であった。

守護の交替を示す基礎となる史料は、前半が欠けているので全体を知ることはできないが、これまでの研究で守護の交替が分かっているのは以下の国々である。

【建治元年末の守護交替】

（国名）	（前守護）		（新守護）
（長門）	二階堂行宗	→	北条宗頼《むねより》
（周防）	不明	→	北条宗頼
（筑後）	大友頼泰	→	塩田義政《よしまさ》
（豊前）	少弐資能	→	金沢実時（名代：実政）
（肥後）	少弐資能	→	安達泰盛（名代：盛宗）
（石見）	伊藤三郎左衛門	→	塩田義政の子息か
（越前）	後《ご》藤《とう》基頼《もとより》	→	吉《き》良《ら》満氏《みつうじ》
（伯耆）	北条政長《まさなが》	→	佐《さ》原《わら》頼連《よりつら》か
（能登）	不明	→	名越宗長《むねなが》
（播磨）	小山宗長《むねなが》	→	北条時宗
（備中）	不明	→	北条時宗

国名をみると、九州や山陰・山陽・北陸など、いずれもモンゴルに対する防衛拠点であることが分かる。あきらかに異国征伐を意識した守護の交替であった。

新守護となったのは、ほとんどが幕府の要職にある人物かその名代である。当時の幕府中枢の人事は次のようであった。

【建治元年末の幕府中枢】

執権：北条時宗　　連署：塩田義政

一番引付頭人：金沢実時　　二番引付頭人：北条時村

三番引付頭人：北条宗政《むねまさ》　　四番引付頭人：名越公時《きみとき》

五番引付頭人：安達泰盛

新守護のうち、北条宗頼は執権である北条時宗の弟であり、三番引付頭人の北条宗政《むねまさ》の弟でもある。塩田義政は当時の連署であった。金沢実時は一番引付頭人であり、安達泰盛は五番引付頭人である。名越宗長は、四番引付頭人の名越公時《きみとき》の保護下にあったとみられる。

以上のように新守護の多くは、執権、連署、一番・四番・五番引付頭人またはその名代とおぼしき人物であった。幕府中枢の人物かその名代が守護となって、異国征伐が計画されたのである。二番引付頭人は北条時村。三番は北条宗政であった。彼らはこの時、どこの国の守護にもなっていない。

しかし時村は、建治三年（一二七七）には六波羅探題北方として上洛している。一方で宗政も、同年に塩田義政の後任として筑後の守護となっている。弘安四年（一二八一）になって、宗政は長門守護となり、まだ七歳であった息子の師時が現地に名代として赴いたようである。時期はやや遅れたが、二番・三番引付頭人の二人も、本人かその名代が西国に赴いたのである。

幕府中枢とは言いがたい吉良満氏《きらみつうじ》と佐原頼連《さわらよりつら》は、のちに霜月騒動《しもつきそうどう》で安達泰盛側として敗死している。おそらく泰盛との近い関係によって、守護に任じられたのであろう。

19――「異国を征伐せよ」系図（一番～五番＝引付頭人、ゴシック＝新守護、指揮＝異国征伐の指揮官、×＝すでに没）

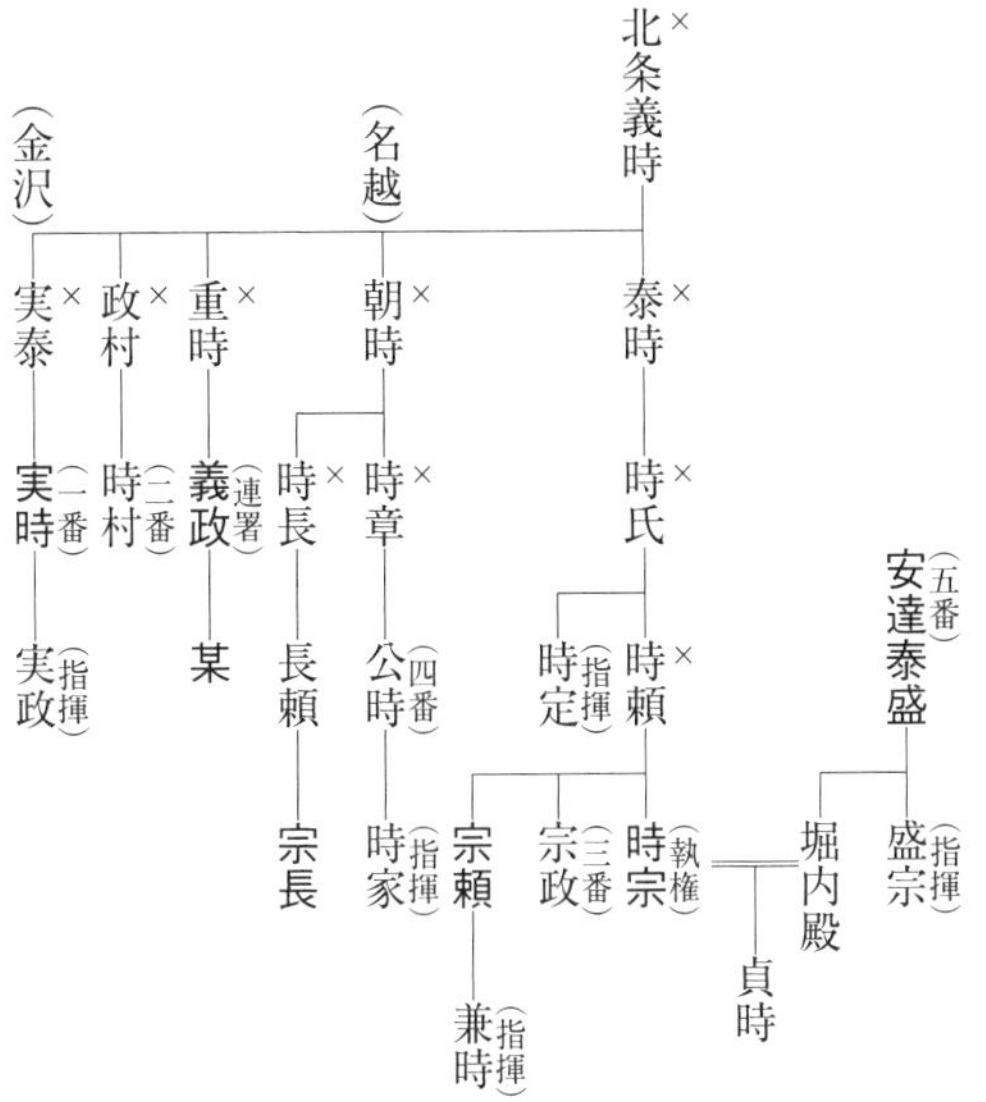

新守護の多くは現地に赴いた。豊前や肥後の場合は、守護の名代の金沢実政や安達盛宗が現地に下向している。鎮西から朝鮮半島に渡って侵略するという異国征伐の一環として守護が交替したのだから、現地赴任は当然のことである。実際に実政や盛宗は、それまで鎮西で活動していた少弐・大友・島津などの守護とともに、異国征伐の指揮官の任務を帯びていた。

実政の父は金沢実時。盛宗の父は安達泰盛。二人とも幕府の中枢を担う人物である。その名代が、鎮西に赴いて異国征伐の指揮官となったのである。

鎮西にむかう大将軍

この時、新たに守護となっている人物の多くが北条氏一族であることから、これが得宗による専制体制のあらわれだと評価されることもある。しかし、そればかりを強調するのはやや一面的である。

蒙古襲来という危機を前にして、幕府は直接に西国の状況を掌握する必要があった。異国征伐ともなれば、鎌倉から大将を派遣するのが自然である。

中世では戦争でも先例が重視された。勝利のために縁起を担ぐようなものである。かつて幕府が経験した、大将軍を派遣するような大きな戦いは、承久の乱であった。ちなみにその前は、平泉まで攻め入ったいわゆる奥州合戦である。

承久の乱では、執権の北条義時の弟である時房や、嫡男の泰時らが大活躍した。泰時・時房は東海道大将軍であった。執権をはじめとする幕府中枢の人物の弟や息子が、大将軍となって最前線へ派遣されるのは、幕府として当然の発想である。異国征伐の際にも、同じように考えられたのであろう。

承久の乱では、北陸道の大将軍は名越朝時であった。東海道の軍勢では、足利義氏《あしかがよしうじ》や三浦義村《みうらよしむら》らが活躍している。一方で、建治元年に新たに能登の守護となった名越宗長は、朝時の子孫であった。越前の新守護の吉良満氏は足利氏である。伯耆の新守護の佐原頼連は三浦の一族であった。幕府中枢部の人々やその近親者だけでなく、彼らも異国征伐の軍勢に加えることが、戦争を勝利に導く方法のひとつだと考えられたのであろう。

この時には、「器用」の守護が選ばれたという。実戦に堪える器の人物というのが本来の意味である。しかし実際には、幕府中枢の人物かその名代が多く守護となっていた。そのほかも、先例を踏まえた人事と想定できる。

「器用」とは、その個人に実力があるかどうかだけでなく、幕府中枢の近親かどうか、あるいは勝利の先例があるかどうかという基準だったのである。

このようにみると建治元年の守護大量交替は、得宗の専制体制というよりはむしろ、幕府の異国征伐計画の本気さを示すものと理解できる。幕府は専制的になることを求めたのではなく、異国征伐を成功させたいと本気で考えて守護を交替させたのである。

異国征伐計画は実際には一度も実現していないが、少なくとも二度目と三度目は計画された。二度目は弘安四年（一二八一）の蒙古襲来の直後である。この時、肥前の守護が少弐経資《つねすけ》から北条氏一族の阿蘇時定《ときさだ》へと交替した。時定は鎌倉から鎮西へと赴いている。これも異国征伐計画の一環だったといわれている。

時定は執権時宗の叔父にあたる。時宗にとっては、存命する唯一のおじであった。執権の名代のような立場で、時定は異国征伐の指揮官として鎮西に赴いたのである。

三度目の異国征伐計画は、正応五年（一二九二）である。十一月二十四日には、鎌倉の寄合で異国《いこく》打手大将軍《うってのたいしょうぐん》が決まる。これには北条兼時《かねとき》と名越時家《ときいえ》が選ばれた。

兼時は北条宗頼の子である。執権時宗からすると数少ない甥の一人であった。時宗は彼を猶子《ゆうし》としたようである。猶子とは、養子とちがって相続を目的とはせずに親子関係をむすんだ子のことである。時家は名越公時の子である。公時は当時の二番引付頭人であった。ここでも、幕府中枢にいる人物の近親者が選ばれたのである。

二人のうち、軍事指揮権は兼時にあった。兼時は長門・播磨・摂津守護を歴任し、六波羅探題の南方を経て北方となっていた人物である。肥後の守護となって鎮西に赴く際には、六波羅から鎌倉へわざわざ一度もどってきている。大将軍は鎌倉から派遣するというのが、奥州合戦や承久の乱の先例であった。異国征伐の大将軍はこれをふまえたのである。

結局のところ、異国征伐計画は一度も実現しなかった。しかし、幕府は誇大な妄想におぼれていたわけではない。鎌倉から鎮西に派遣された指揮官クラスの人々は、幕府中枢を担う立場にある人物の子息や弟などといった近親者が多かった。それだけ、幕府の意志を直接に反映させた軍事行動が期待されていたのである。

異国打手大将軍は実際に高麗まで攻め込むことはなかったが、軍事指揮官として派遣された人々の一部は、やがて鎮西の政務にあたるようになる。それはまるで、征夷大将軍が奥羽に進駐せず鎌倉にとどまって幕府をひらいたのと、相似形をなすようであった。

2 弘安徳政

徳政のはじまり

弘安五年(一二八二)。弘安の役の翌年である。執権の北条時宗は無学祖元《むがくそげん》を迎えて鎌倉に円覚寺《えんがくじ》を建立した。蒙古襲来の犠牲者を、敵味方なく鎮魂するためである。しかし、蒙古襲来の危機はまだ去っていなかった。

弘安七年(一二八四)四月。緊張感が幕府中枢をしめつけるなか、時宗が没する。七月には貞時《さだとき》が執権となった。貞時は時宗の嫡男だがまだ一四歳。連署は、ひきつづき普音寺業時《なりとき》が担当している。

かつて時宗とともに幕政を主導した幕府中枢の三人のうち、北条政村や金沢実時はすでに没していた。残ったのは安達泰盛ひとり。その泰盛も時宗の死によって出家を遂げる。しかし、得宗で執権の貞時は実務を期待できる年齢ではない。評定衆による会議はその意義を失ってはいなかったが、貞時の実質的な外祖父である泰盛が、幕政を主導する立場となったようである。

20―無学祖元

この頃の引付頭人は、一番から順に大仏宣時《おさらぎのぶとき》・名越公時・名越時基《ときもと》・金沢顕時《あきとき》・安達宗景《むねかげ》であった。寄合に参加していたのは北条氏一族の普音寺業時や安達泰盛、文士の太田《おおた》康有《やすあり》や得宗被官《とくそうひかん》の平頼綱《たいらのよりつな》・諏訪《すわ》盛経《もりつね》らである。被官とは、いわゆる従者のことである。特に平頼綱は、僧の日蓮によって安達泰盛と並び称されるほどの有力者であった。

時宗が没した後におこなわれた一連の政策は、弘安徳政《こうあんとくせい》とよばれている。弘安とは、当時の年号である。それでは徳政とは何だろうか。

徳政とは、仁徳のある政治、善政のことである。政治は常に良いものでなければならないが、特に仁政をおこなわなければならない時がある。彗星の出現や地震といった天変地異がおこった時である。古代以来、天変地異の発生は為政者の不徳によるものだと考えられていた。天変地異のあった時、その原因を解消するために施政者は仁政を指向したし、それを求められもした。この時の仁政を徳政という。

その基本的な理念は、本来あるべき正しい姿にもどすことであった。現状が悪くなっているために天変地異がおこるのだから、それをもとに戻すのが為政者の役目である。蒙古襲来もまた、当時の人々にとっては大きな天変地異であった。

もちろん、それまで徳政を担ってきたのは朝廷である。著名な荘園整理令はそのひとつであった。本来は国の土地であるべきところが荘園となっていて、その荘園の設定に正当な理由がない場合、これを国の土地に戻すというのが荘園整理令である。

荘園整理令は、多くの天皇の代替わりごとに発令されている。実際には積極的にその法令の貫徹を目指すことはしないが、代が替わると、これに類する法令がまとめて発布されていた。代替わりの恩《おん》赦《しゃ》や改元などもこれに含まれる。為政者の代替わりは、それまでの状態をリセットして本来あるべき姿にもどす、絶好の機会であった。天変地異だけでなく、為政者の代替わりもまた、徳政のきっかけだったのである。

二度の蒙古襲来という天変地異を体験した幕府は、執権の時宗を失って貞時に代替わりする。幕府はこれまでも徳政をおこなってきていた。そして今まさに、徳政をおこなわなければならないタイミングとなった。こうして、弘安徳政の舞台がととのったのである。

弘安徳政の構成

弘安七年(一二八四)四月に時宗が没してから、翌年の十一月におきた霜月騒動で安達泰盛が滅亡するまでの約一年半の間に、九〇以上の幕府法令が出された。具体的には、これらの法令群による幕府の政治改革を、弘安徳政という。

弘安徳政は、それまで東国政権と軍事権門というふたつの顔を持っていた幕府を、全国統治権力にまで高める試みであった。主導したのは安達泰盛である。

弘安徳政の法令群は、おおむね八つに分けられるという(村井二〇〇五)。Ⅰ君徳の涵養《かんよう》・奢侈《しゃし》の抑制、Ⅱ関東御領《かんとうごりょう》の興行《こうぎょう》、Ⅲ主従関係の確立・拡充、Ⅳ悪党・博徒《ばくと》の禁圧、Ⅴ在京人の派遣、Ⅵ流通経済の統制、Ⅶ訴訟制度の整備・訴訟担当者のひきしめ、Ⅷ寺社領・仏神事の興行の八つである。

Ⅰは、将軍が幕府の主君にふさわしい徳を養い育てること（涵養）を目指している。君主の徳を高めるのが本来の徳政であるから、これが冒頭に示されたのは当然である。ここでは将軍のあるべき姿が示された。

Ⅱの関東御領とは将軍の直轄領のことである。興行とは、さかんにすること、というのが本来の語義であった。それが転じて、廃れてしまったものを本来の勢いある姿に戻すことを意味するようになる。中世ではすでに、所領を本来あるべき姿に戻すこと、所領を保全することの意味で使われるようになっていた。つまり関東御領の興行とは、将軍直轄領の確保のことであった。ⅠとⅡは、ともに将軍権力の強化を目指したものである。

当時の将軍は源惟康《みなもとのこれやす》。惟康は宗尊親王の子であった。宗尊が鎌倉から追放されると三歳で将軍となった。この頃は惟康王とよばれている。時宗が執権であった文永七年（一二七〇）に源姓を与えられ、源惟康を名のる。惟康は親王将軍として知られるが、親王となったのは弘安十年（一二八七）のことで、それまでは源姓をなのっていたのである。

いうまでもなく、幕府の最初の将軍は源頼朝である。蒙古襲来という危機に際して、幕府の本来あるべき姿である源氏の将軍にもどそうと考えられたのであろう。将軍をあるべき姿にもどすという弘安徳政の発想は、時宗が執権として源氏将軍を誕生させた頃からみられるものであった。このことから、弘安徳政がそれまでの政策と連続性をもっていたことがわかる。

Ⅲの中核をなす法令は、鎮西名主職安堵令《ちんぜいみょうしゅしきあんどれい》とよばれる。これは弘安徳政の大きな柱のひとつであった。詳しくはこの後で触れる。

Ⅳの狙いは、治安の維持・強化である。悪党禁圧のために、四方発遣人《しほうはっけんにん》とよばれる使者が全国に派遣された。賄賂によって公平な判断が損なわれないよう、彼らへの進物は禁止されている。Ⅴは、鎌倉から六波羅に人材をおくりこみ、六波羅探題を強化することを目指していた。Ⅳ・Ⅴともに、実際に使者を派遣することで政策を実現しようという積極的な姿勢がみられる。

Ⅵは、物流を円滑にして人々のわずらいを除くというねらいがあった。これは後の朝廷や幕府の政策にもひきつがれる。Ⅶのひとつには、引付責任制の導入があった。それまで引付では、ひとつの裁判について複数の判断が提起されて評定会議に上程されていた。しかしこの時には、引付が示す判断をひとつにしぼるよう決められたのである。裁判を正確に、かつ迅速に進めるためであった。

Ⅷの中心は、諸国の国分寺や一宮の所領をとりもどさせる政策である。これを神領興行法《じんりょうこうぎょうほう》とよぶ。神領とは、寺社の所領のことである。神領興行とは、神領の確保にほかならない。これも弘安徳政の大きな柱のひとつであった。詳しくはこの後で触れる。

弘安徳政は以上のような内容をもっていた。なかでも際立つのは、ⅢとⅧにみられる鎮西名主職安堵令と神領興行法である。これらは主に鎮西を舞台にしてなされた政策であった。鎮西は、蒙古襲来によって急激に幕府の守備範囲に投げ入れられた地域である。

蒙古襲来を機に、鎮西も含めた列島規模で、幕府がどのようにみずからを位置づけなおすかが問われていた。それにこたえて、幕府を全国統治権力にまで高めようと試みたのが、弘安徳政であった。

非御家人を御家人にする

弘安徳政の中心的な政策のうち、まずはⅢの鎮西名主職安堵令を詳しくみてみよう。

鎮西名主職安堵令とは、文字どおり九州（鎮西）の名主職を承認・保証（安堵）する法令である。

鎮西の名主職についていくつか書き上げられた内容のうち、先頭にある幕府法令には、次のようなことが記されていた。

名主職について。

先祖や本人が御家人としての勤めを果たしたことを示すような、守護による文書などがあれば、名主職を安堵する。ただし、凡下《ぼんげ》（武士ではない庶民）については、適用しない。

もともと名主職とは、荘園内の名田《みょうでん》の所有者をさす語である。名主職は本来、荘園領主が管轄するものであった。この名主職保持者のうち凡下でない者の立場を、幕府が安堵するという方針が打ち出されたのである。

名主職保持者のうち凡下でない者とは、本所一円地住人とほぼ同義である。非御家人とも同じような集団をさす。名主職保持者（凡下を除く）＝本所一円地住人＝非御家人という図式である。彼らの立場を幕府が安堵するということは、非御家人の御家人化を意味していた。

蒙古襲来に際して幕府は、御家人だけでなく本所一円地住人も動員していた。彼らに恩賞を与えるのは、幕府として当然のことであった。そこで幕府は、彼らを御家人として安堵することで、その恩賞要求を満たしたのである。

こうして、新たに御家人が創出されるきっかけが生まれた。

以上のように鎮西名主職安堵令には、これまでの非御家人も含めたすべての武士階級を、列島規模で幕府の御家人として組織しようという意図がこめられていた。幕府の基盤を御家人のみならず全武士階級にまで拡大し、それによって幕府の国制に占める地位を一気に飛躍させるねらいがあったのである。

Ⅰ・Ⅱの法令群によって将軍の強化が求められたのも、すべての武士の頂点として将軍権力を確立させるためであった。

寺社の所領を確保する

神領興行法とは、かつて寺社に所縁のあった所領を、現在の権利関係を無視して寺社に返却させるという法令である。神領を寺社に返し、本来あるべき姿にもどすという論理であった。

弘安徳政で示された神領興行法の冒頭には、以下のように記されている。

鎮西の主要な寺社の所領について。

本来はその土地に権利のない第三者が、買得したり質にとったりしたものとしてその土地を領

21—『蒙古襲来絵詞』の安達盛宗

有していると聞こえてきている。詳しく事情をあきらかにして、本来の所有者に返却するために、明石《あかし》行宗《ゆきむね》・長田《おさだ》教経《のりつね》・兵庫助政行《ひょうごのすけまさゆき》を派遣する。大友頼《おおともより》泰《やす》・安達《あだち》盛宗《もりむね》・少弐経資《しょうにつねすけ》がともにこれを担当する。康元《こうげん》年間に幕府が下した判決の文書を保持していたり、あるいは所領の知行が長年に及んでいたりしたとしても、買得したり質にとったりした土地であることに間違いなければ、その土地を寺社に返却するようにしなさい。

やや引用が長くなったが、簡単にいえば、鎮西の主要な寺社から第三者の手にわたった所領のとりもどしが、認められたのである。

明石行宗ら三人は、この法令を実行するために鎌倉から鎮西へ派遣された人々であった。大友頼泰ら三人は、鎮西に在住する守護である。

「康元年間」以降の部分では、古い証拠書類や長年の知行といった実績があったとしても、例外なく返却しなければならないと記されている。これは、不易法《ふえきほう》や年季法《ねんきほう》といった幕府の原則を適用しないことを示している。

不易法とは、一度だされたかつての判決は改めないという考え方である。この頃は、北条時頼が執権であった康元元年（一二五六）以前の裁許は、改めないのが原則であった。

年季法とは、二〇年以上継続して知行した土地の知行権は、そのいきさつに関係なく承認されるという考え方である。不法に占拠していても、二〇年たてば合法的な知行と認められるというのが、御成敗式目以来の幕府の原則であった。

しかし今回は、このふたつの原則を適用しないというのである。

蒙古襲来に際して、多くの寺社が異国降伏祈禱をおこなっている。当時の感覚では、祈禱は戦闘行為に等しいものであった。祈禱をおこなった寺社は、当然のように幕府に恩賞を求めた。これに対応するために、幕府は神領興行法を発した。この法令は、異国降伏祈禱に対する幕府からの恩賞でもあったのである。

幕府は本来、御家人の関わらない土地関係を裁定することはなかった。しかし、この法令によってその前提が変わる。それまで管轄外であった寺社と第三者との土地関係を裁定し、神領を統制下におこうとしたのである。

前項で示したように、名主職安堵令によって本所一円地住人の御家人化が指向された。そしてこれまで述べてきたように、神領興行法によって神領も統制下に置くことが目指された。弘安徳政の中心をなすこの二つの法令によって、東国政権というせまい基盤を克服し、列島規模ですべての武士階級と領域を統制下において、幕府を全国統治権力にまで高めることが試みられたのである。

公平性をたもつ

名主職安堵令と神領興行法とを実現するために、明石行宗・長田教経・兵庫助政行が鎌倉から鎮西へ派遣された。三人は徳政之御使《とくせいのおんし》とも称されている。まさに弘安徳政の具体化を期待された使者であった。彼らは幕府の引付の奉行人だったようである。

弘安七年（一二八四）十一月下旬。三人は鎌倉を出発し、翌年正月には博多に到着する。博多には、合奉行《あいぶぎょう》の大友頼泰・安達盛宗・少弐経資らも集まった。ここで具体的な実務がおこなわれている。

一般的に合奉行とは、担当する本奉行《ほんぶぎょう》を補佐し、その手続きに誤りがないかを監視する奉行のことである。御使《おんし》と合奉行の組み合わせは次のようであった。

【御使と合奉行】

（御使）	（合奉行）	（担当国）
明石行宗	大友頼泰（豊後守護）	筑前・肥前・薩摩
長田教経	安達盛宗（肥後守護）	豊前・豊後・日向
兵庫助政行	少弐経資（筑前守護）	筑後・肥後・大隅

合奉行となったのは、現地で活動する鎮西の守護である。しかし、彼らが御使とともに担当した国は、ことごとく守護であった国を外されている。

大友氏は代々の豊後国守護である。かつては筑後の守護も経験していた。しかしこの二ヵ国は担当から外されている。安達盛宗は、先述の異国征伐計画で安達泰盛の名代として肥後守護に赴いた人物であったが、肥後の担当とはなっていない。少弐氏は代々の筑前国守護である。かつては豊前や肥前の守護だったこともあった。しかし、これらを外された国々の担当となっている。

こうした措置は意図的なものであった。守護である国を担当から外すことによって、二つの法令の実施に際して公平性を確保しようとしたのである。

守護は守護国の武士を動員して異国警固番役などを勤めさせていた。そこに個別の主従関係がうまれても不思議ではない。公平性を確保するためには、そうした関係を排除する必要があったのである。公平性を確保することによって、幕府の政策が私利私欲に基づく私的なものではないと示すことができる。全国を統治する政権として幕府が二つの政策を執行することをアピールするためにも、公平性の確保が求められたのであった。悪党禁圧のための四方発遣人に進物が禁止されたのも、同じような意図に基づいている。

弘安八年（一二八五）正月から始まった実務は、九月末までには終えられたようである。御使は上洛し、合奉行も帰国したらしい。こうして二つの法令の実務は、八ヵ月間で集中的におこなわれたのであった。

二つの法令には反発が十分に予想された。名主職安堵令によって本所一円地住人が御家人となれば、本所もだまってはいない。神領興行法によって所領が寺社にもどされれば、所領をとりあげられた側は不満に思う。

それまで幕府は、東国政権でありながら西国では軍事・警察を担当する権門であるという、ふたつの性格をもっていた。これを変えて全国政権を目指すという大きな理想を、八ヵ月で実現しようとするのは、あまりに性急であった。徳政を実現させるために御使を派遣したのは画期的なことであったが、それほど簡単に解決するものではなかったのである。

二つの法令は、蒙古襲来という危機への対応であった。蒙古襲来がなければ本所一円地住人を動員することもなかったし、彼らに恩賞として御家人の身分を与える必要もなかった。蒙古襲来がなければ寺社が異国降伏祈禱をおこなうこともなかったし、彼らが幕府に恩賞を求めることもなかった。

弘安徳政とは、蒙古襲来によって否応なく守備範囲を拡大しなければならなくなった幕府が、新たな政権としてのあり方を模索する段階でおこなった、遠大な実験でもあったのである。それを主導したのちに滅ぼされたのが、安達泰盛であった。

3　敗者、安達泰盛

馬乗りの名手

弘安徳政を主導した安達泰盛について、卜部《うらべ》兼好《かねよし》が著したと言われる『徒然草《つれづれぐさ》』には次のように書かれている。

城陸奥守泰盛は、さうなき馬乗りなりけり。馬を引き出させけるに、足をそろへてしきみをゆるりと越ゆるを見ては、是は勇める馬なりとて、鞍を置きかへさせけり。又、足を伸べてしきみに蹴あてぬれば、是は鈍くして、あやまちあるべしとて、乗らざりけり。

道を知らざらん人、かばかり恐れなんや。

これは泰盛の人となりを示す数少ない史料である。どこまで真実を反映するかは定かではないが、兼好の泰盛に対する評価としては信用できる。大意は以下のとおり。

安達泰盛は、並ぶ者のいない馬乗りの名手であった。厩《うまや》から馬を引き出させる時に、馬が足をそろえて敷居を軽く越ていくのを見ると、「これは勇んでいる馬である」といって、その馬の鞍を別の馬に置きかえさせた。あらたに引き出した馬が、足を伸ばして敷居に足を当ててしまうのを見ると、「この馬は鈍いから事故をおこすであろう」といって、その馬に乗らなかった。その道をきわめていない人は、泰盛のように慎重になることはないだろう。

一読して「それじゃ一体どんな馬なら乗るんだ!」とつっこみたくなった筆者のような人は「道を知らざらん人」である。この説話は、泰盛が慎重な性格であったことを示している。「弘法筆を選ばず」の逆をいく論法で、馬乗りがうまいというのは、技術の問題以前に、馬の気性を見抜く力があることだという話である。

『徒然草』には、北条時頼が深夜に大仏宣時をよんで、味噌を肴に酒を飲んだ話も含まれる。これは時頼の質素ぶりを示す逸話と評価されている。また、時頼の母の松下禅尼《まつしたのぜんに》が部屋の障子を一部だけを張り直して、時頼に倹約の精神を伝えようとしたという話も載せられている。一部だけではなく全体を張り替えさせましょうと松下禅尼に言って、逆に彼女にたしなめられたのは安達義景《よしかげ》であった。義景は松下禅尼の弟であり、そして泰盛の父であった。

兼好は北条氏一族の金沢氏とつながりがあり、鎌倉を訪れたこともあったというから、これらすべてが作り話ではあるまい。泰盛に対する評価は、彼の性格の一面をとらえたものであろう。

これほど慎重な性格であったといわれる泰盛は、弘安八年（一二八五）の霜月騒動で御内人《みうちびと》の平頼綱に滅ぼされてしまう。御内人とは、得宗被官のなかでも得宗の近くに仕えた人々のことである。弘安徳政を主導しながらも幕府内の抗争で滅ぼされてしまった泰盛は、どのような人物だったのであろうか。

安達氏という一族

安達氏は、鎌倉幕府草創以来の有力な一族である。

安達泰盛の曾祖父《そうそふ》にあたる盛長《もりなが》は、源頼朝の側近として活動した。『曽我物語』には、盛長が象徴的な夢をみたことが記されている。源頼朝が左足を陸奥国外ヶ浜《そとがはま》に、右足を薩摩国の南の鬼海ヶ島《きかいがしま》においていたという夢である。この夢は、頼朝が近いうちに全国を平定することを示すものだと判断された。盛長は、幕府草創にたずさわった重要な人物として位置づけられていたのである。

おそらく頼朝の死後に出家した盛長は、一度も任官する（朝廷の官職に任命される）ことなくこの世を去った。
盛長の子の景盛《かげもり》も、幕府内で有力な地位を占めている。任官しなかった父とは異なり、建保《けんぽう》六年（一二一八）以降には、出羽国秋田城を管轄する官職である秋田城介《あきたじようのすけ》となった。元久《げんきゆう》二年（一二〇五）の畠山重忠《はたけやましげただ》の乱では、上野の地名である飽間《あきま》・玉村《たまむら》、あるいは武蔵の地名である鶴見《つるみ》・加世《かせ》といった名字をなのる武士を率いている。彼らは景盛の従者であった。この前後には、上野国の守護のような立場となっていたようである。

承久《じようきゆう》三年（一二二一）の承久の乱では、北条政子の意志を代弁する重要な役割を果たした。後鳥羽上皇が北条義時追討を命じたのに対して、頼朝からの恩を思い起こし上皇方を打倒するよう政子が発言すると、この政子の言葉を景盛が御家人らに伝えたのである。

政子が没すると、景盛は出家して高野山にこもった。宝治《ほうじ》元年（一二四七）に鎌倉にもどると、宝治合戦で三浦氏を滅亡させ、翌年に没している。

22—安達泰盛系図

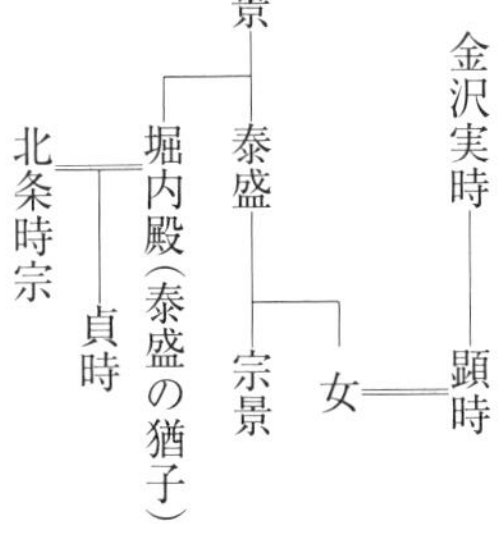

景盛の子の義景《よしかげ》も、嘉禎《かてい》三年（一二三七）に秋田城介となった。延応《えんおう》元年（一二三九）には評定衆、建長《けんちよう》四年（一二五二）には五番引付頭人となっている。宝治合戦では、父景盛の命をうけて三浦氏討滅の主力となった。合戦後におこなわれた「寄合」

には、北条時頼・政村・金沢実時らとともに参加している。義景は、幕府の中枢を構成する人物の一人だったのである。なお義景は、武蔵国鶴見に別荘をもっていた。

義景の娘には、のちに時宗の妻となる堀内殿がいた。堀内殿は泰盛の妹だが、生まれてまもなく父の義景が没したため、兄で嫡流の泰盛が養育して猶子としたようである。泰盛は実質的に時宗の義父となり、堀内殿が生んだ得宗貞時の外祖父《がいそふ》（母方の祖父）となった。

将軍と泰盛

泰盛は寛喜《かんぎ》三年（一二三一）生まれ。義景の嫡男であった。義景在世中から、将軍である宗尊親王の側近としての活動が散見される。建長二年（一二五〇）には、将軍のそば近くに仕えて奉仕する役である近習《きんじゅう》のメンバーに加えられた。格子番《こうしばん》（将軍御所に宿直して格子のあげさげを担当する役）、廂番《ひさしばん》（廂の御所に交替で宿直して将軍を護衛する役）などのメンバーにもその名前が見える。弘長《こうちょう》三年（一二六三）にはその技量をみこまれて、蹴鞠《けまり》の奉行にもなっている。

将軍のそば近くに仕えることは、将軍との主従関係を意識することにつながる。当時の将軍は宗尊親王であった。泰盛は宗尊と近い関係にあり、蹴鞠に代表されるような京風の文化を担いうる存在だったのである。

建長五年（一二五三）。父義景が没する。泰盛は引付衆となり、翌年には秋田城介となった。康元《こうげん》元年（一二五六）には評定衆に加えられて五番引付頭人となっている。

弘長元年（一二六一）。猶子の堀内殿が時宗の妻となる。泰盛は次期得宗の義父という立場になった。

文永元年（一二六四）には金沢実時とともに越訴《おっそ》奉行となって、同四年に廃止されるまでこれをつとめている。越訴とは、一度確定した判決に対して再審請求をすることである。

こうして泰盛は、宗尊親王との関係を維持しつつ安達氏の家督を継承し、得宗との関係も築きながら、幕府内で順調にその地位を確保していった。

文永三年（一二六六）。大きな転機が訪れる。宗尊親王が鎌倉を追放されたのである。宗尊のそば近くに仕えていた泰盛は、この時に宗尊を追放する側にまわった。北条時宗・北条政村・金沢実時らとともに、宗尊追放をきめる「深秘御沙汰」に参加したのである。父義景が宝治合戦後の「寄合」に参加しているのと同じように、泰盛も幕府中枢に地位を得ていたことがわかる。宗尊との関係ではなく、得宗との関係を優先して幕府中枢に地位を保ったのである。

宗尊親王の次に将軍となったのは、宗尊の子で三歳の惟康王であった。

文永七年（一二七〇）。惟康は源姓を与えられて源惟康となのる。源実朝が暗殺されて以来、約五〇年ぶりの源氏将軍であった。

すでに二年前には、モンゴルからの使者がやってきている。蒙古襲来という危機が目の前にせまっていた。幕府中枢は源氏将軍という幕府の本来あるべき姿にもどして、この危機を乗り越えようと考えたのである。これを発案したのは、宗尊を追放して惟康を擁立した人々であった。その人々とは、北条時宗・北条政村・金沢実時、そして安達泰盛である。

得宗の時宗は宗尊追放の時点で一六歳。惟康が源姓をなのった時点で二〇歳。彼の独断でここまで話が進んだとは考えにくい。政村や実時、そして泰盛らの発想が、源氏将軍復活をもたらしたのであろう。

盟友、金沢実時

源氏将軍を復活させた人々のうち、ここでは金沢実時に注目しよう。

実時は、元仁《げんにん》元年（一二二四）生まれ。父は金沢実泰《さねやす》。北条義時の孫にあたる。文暦《ぶんりやく》元年（一二三四）六月。父が出家したのをうけて小侍所《こさむらいどころ》の別当《べっとう》（長官）となる。まだ一一歳であった。年少で重役を勤めることに反対する意見もあったが、執権の泰時はそれでも実時を推薦している。実時は将来を嘱望され、若くして実務経験を積み始めたのである。

文応《ぶんおう》元年（一二六〇）二月。一〇歳の北条時宗が小侍所《こさむらいどころ》の別当《べっとう》となり、別当は二人となった。実時は、これまでの経験と実績を買われて、時宗の教育係をつとめることになったのである。

ここに、その実時の性格をしめすエピソードがある。

小侍所の役割のひとつに、将軍の出御《しゅつぎょ》の際に供奉《ぐぶ》する御家人をリストアップするという職務があった。正嘉《しょうか》二年（一二五八）七月。供奉人に漏れた宇佐美《うさみ》祐泰《すけやす》が、どうにかしてそのリストに加えてほしいと訴えてきた。しかし実時は、将軍の意向にそって決めているだけなので私の一存ではどうにもできない（私の計《はか》らいにあらず）と返事している。翌日になって策を講じて書類を準備して訴えてき

23—金沢実時

た祐泰に対し、これは将軍の意志を示したものではない（この状、まったく恩許《おんきょ》の所見《しょけん》にあらず）とその書類をつきかえした。祐泰はさらに別のルートから書類を得てそれを提示したが、実時の意見は変わらなかった（問答、前の如し）という。

このように冷徹なまでに職務に忠実であろうとする実時の態度は、二七歳年下の時宗にも大きな影響を与えたであろう。得宗時宗の政策が、実時の影響を受けていないはずはない。

安達泰盛は寛喜三年（一二三一）の生まれで、実時の七歳年下にあたる。文永元年（一二六四）には実時とともに越訴奉行となっている。この頃は三つであった引付のうち、実時が二番引付頭人であり、泰盛が三番引付頭人であった。おそらくこの時期に、実時の子の顕時が泰盛の娘を妻にしている。二人は子供同士が夫婦という関係となった。文永三年（一二六六）には宗尊親王を追放する「深秘御沙汰」にともに参加しているので、実時と泰盛は一貫して協調路線をとっていたとみられる。

実時は、将軍に供奉する御家人を管理する小侍所の別当である。泰盛は、宗尊親王のそば近くに仕える近習であった。彼らが、本来の将軍のあるべき姿を模索したとしても不思議ではない。源氏将軍を復活させ、幕府を本来あるべ

24―金沢実時置文

経典に利用した紙の裏に残されていたもの．越後六郎に宛てて部下の扱い方などを記す．越後六郎は鎮西に下向した金沢実政に推定されている

き姿に戻そうとする勢力の中心にいたのは、この二人であろう。

建治元年（一二七五）の守護大量交替によって現地での指揮官の役割を期待されたのは、実時の子の金沢実政と、泰盛の子の安達盛宗であった。このことは、当時の幕府中枢が実時と泰盛であったことをよく示している。翌年の建治二年（一二七六）に実時は没した。

彼らの蒙古襲来への対応は、遠く離れた鎌倉から号令をかけるだけの無責任なものではなかった。自分の息子を名代として現地に派遣し、責任をもって対処しようと考えていたのである。

実時は、鎮西にむかう実政にあてて置文《おきぶみ》を書いている。置文とは、子孫のために書き置いておく文書のことをさす。この場合、鎮西でのふるまいに関する注意事項が主な内容であった。最後の部分しか残されていないので詳細は不明だが、どのような人物を召し抱えるべきか、あるいは部下に対して信賞必罰でのぞむようにといったことが記されている。責任をもって職務を果たすべきだとする実時の考え方は、ここにもよく表れている。実時と同じように子息を鎮西に派遣した泰盛も、やはり同じような考え方をもっていたであろう。

情の人、泰盛

安達泰盛は情に厚い人であったともいわれる。

建治元年（一二七五）八月。肥後国から御家人の竹崎季長《たけざきすえなが》が鎌倉にやってきた。文永の役での活躍を、幕府に認めてもらうためである。

25――安達泰盛と対面する竹崎季長

鎌倉ではあちこちの奉行に訴えたが、会ってくれる奉行さえいなかった。そうこうしているうちに二ヵ月近くが過ぎてしまう。鶴岡八幡宮に一心に祈ると、十月にはなんとか時の御恩奉行《ごおんぶぎょう》である安達泰盛に面会がかなった。御恩奉行とは、将軍が御家人に恩賞を与える際にその処理を担当する者のことである。恩賞は将軍と御家人とをむすぶ重要なものであった。実質的に将軍が機能しない当時にあって、御恩奉行は、あたかも将軍にかわって恩賞を与えるかのような存在となる。

安達泰盛を前に季長は、去年十月の合戦で先駆けの功をたてたことを次のように訴えた。

現地の司令官である少弐景資《かげすけ》に戦場で先駆けの許しを得た。わずか五騎の手勢で蒙古の軍勢に突進した。敵を討ち取ることはできなかったが、先駆けしたことに間違いない。少弐経資《つねすけ》にその旨を伝えたところ、幕府へ報告しておくので追って指示があるはずだという。しかし、経資の報告に自分の名前が漏れてしまい、その後は何も連絡がない。

これを聞いて泰盛は「経資の幕府への報告の内容を知っているのか」と尋ねた。「知らない」と季長は答える。「ならば報告に載っていないとなぜ言えるのか」と問う。「幕府の指示を待てと言われたのに何の連絡もなく、与えられた書類にも先駆けのことがないので、報告に漏れていると思ったのです」と答える。「敵を討ち取ったり、部下が戦死したりしたのか」と問えば、「戦死や討ち取りはありません」と答える。「ないならなぜ恩賞を求めるのか」と問えば、「先駆けで一番に敵陣に迫ったことが、報告されていないのが問題なのです」と答える。

やりとりの後、「もしご不審ならば、景資に御教書を出してお聞きください。申し上げていることが嘘だと景資が言えば、私の首をお切りください」と季長は覚悟を示した。

泰盛は「御教書を出した先例はない。それはできない」と諭す。「先例があるとは思っていません」と挑発的な季長。「それならば訴えるべきではない」とつきはなす泰盛。

季長は「所領に関する訴訟やこれまでの合戦ならば先例を調べもしますが、異国との合戦に先例などありません」と反論。泰盛は「先例がなくては訴えることができない」と返す。「私の言うことが嘘ならば、勲功も捨て置き、首を切ってください。事実を言って捨て置かれるのは生涯の嘆きです」と、季長はくりかえし主張を続ける。

泰盛は折れて答えた。「合戦のことは承知した。将軍に報告する。恩賞は間違いない。急いで国に帰り奉公を続けよ」。これを聞いた季長は、身の上を切々と話し始める。「目的を果たせそうならば国に帰るべきではありますが、所領ももたない身の上では、住むところも定まりません。助けてくれるような者もおりません。どこにいたらよいのかさえ分かりません」

折から時宗より参上するよう命じられた泰盛は、「合戦のことはさらにまた聞く」と言って席を立った。

翌日。甘縄《あまなわ》の安達亭に参上した季長は、奥の間にとおされて再び泰盛と面会した。泰盛はこう言った。「幕府で披露したところ、季長への御下文《おんくだしぶみ》は直接に本人へ渡すようにとの仰せである。他の一二〇人あまりへの恩賞は、少弐から渡す」。

下文とは、恩賞を与える際などに用いられる幕府文書の様式である。無事に季長は恩賞を手に入れたのである。

季長は「先駆けの功が認められたのであれば、すぐに国に帰って奉公を重ねます」と感謝した。

泰盛は「馬と具足を差し上げたい。いかがか」と尋ねた。恐縮して返事もできずにいる季長の前に、小巴《こどもえ》の文様の鞍を乗せた黒栗毛《くろくりげ》の馬が引き出された。

これは『蒙古襲来絵詞』に描かれた安達泰盛の姿である。『蒙古襲来絵詞』はのちに竹崎季長が作成させた絵巻で、安達泰盛への報恩のためともいわれる。私的なことをできるだけ排除しようとする泰盛にしては、珍しく私情をはさんだ処置であった。

霜月に消ゆ

弘安五年（一二八二）。秋田城介の職は嫡男の宗景《むねかげ》に譲り、泰盛は陸奥守《むつのかみ》となった。陸奥守は、鎌倉幕府成立以来、大江広元《おおえのひろもと》・北条義時・足利義氏《あしかがよしうじ》・北条重時《しげとき》・北条政《まさ》村《むら》・北条時茂《ときもち》・北条時村《ときむら》らのように、幕府草創以来の有力者や北条氏の長老格しか就任していない役職であった。それに泰盛が就任するのは、極めて異例なことである。泰盛は幕府内の長老格として認められ、得宗時宗からも信頼されていたのであろう。

弘安七年（一二八四）。得宗の時宗が没すると、時宗政権のスタートから幕府中枢をささえていた人々のうち、残されたのは泰盛だけとなった。泰盛は出家して五番引付頭人を宗景に譲り、幕府の役職はほぼ手放した。その泰盛が弘安徳政を主導できたのは、得宗貞時の外祖父だからというだけでなく、それまでの実績が認められていたからでもある。

こうした立場は世襲が難しい。泰盛も子孫にその役割を期待していなかったかもしれない。しかし、周囲もそう理解するとは限らない。南北朝期に書かれた『保暦間記』には、泰盛が息子の宗景に源氏を称させて将軍にしようとしていると疑いをかけられ、御内人の平頼綱によって滅ぼされたと書かれている。平頼綱は、泰盛と並び称されるほどの実力者であった。

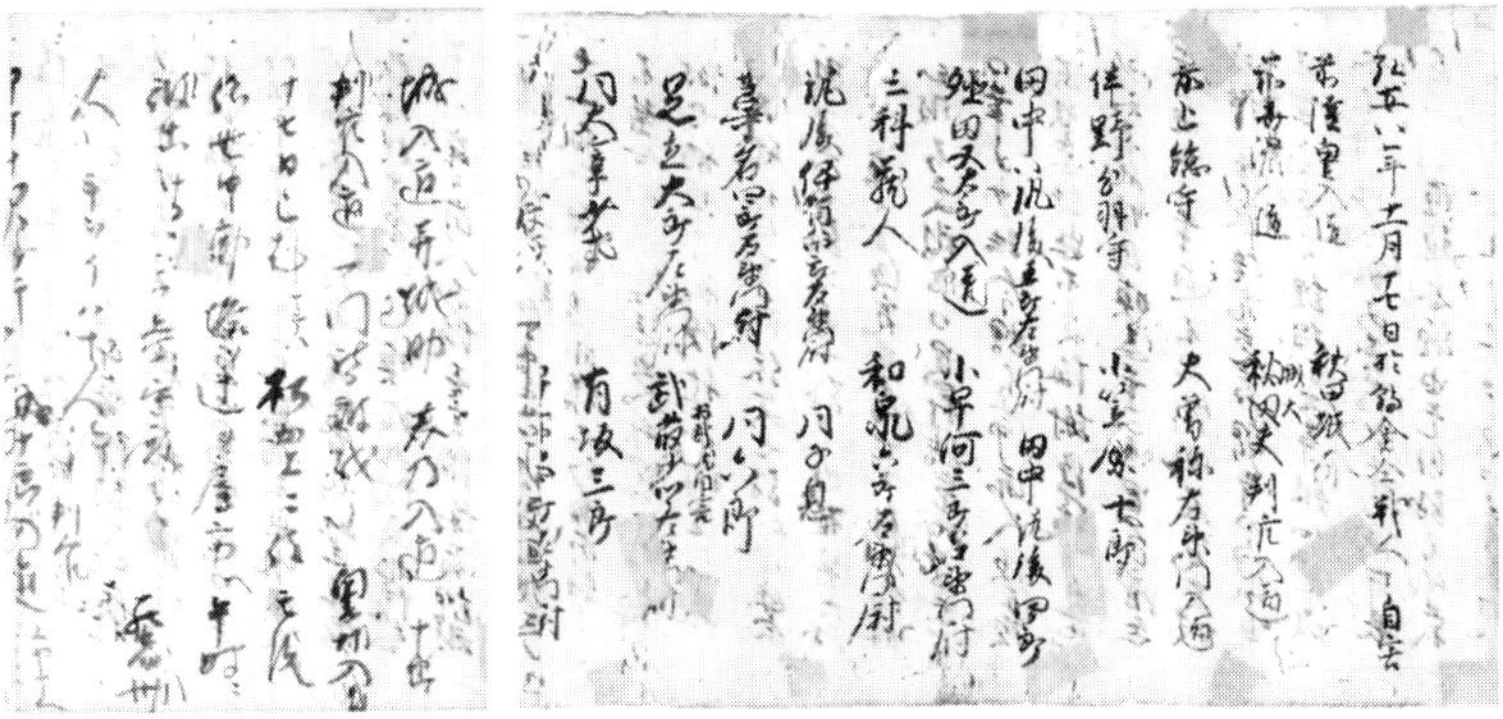

26——霜月騒動聞文
東大寺にいた僧侶の著作に使用された紙の裏側に，鎌倉から伝えられた霜月騒動の状況が記されている．冒頭に「弘安八年十一月十七日於鎌倉合戦人々自害」とある

弘安八年（一二八五）十一月十七日。泰盛は鎌倉の松谷《まつがやつ》にいた。不穏な情勢に気づいた泰盛は、将軍御所近くの塔ノ《とうの》辻《つじ》にある屋形まで出かけて執権北条貞時の邸宅に出仕しようとした。なんらかの申し開きをするためであろう。そこを平頼綱らの手勢に襲撃された。数時間で決着はつき、泰盛は敗れた。あまりにあっけない最期であった。

この時には、泰盛方の五〇〇人あまりが自害している。武蔵国では武藤小卿左《むとうしょうけいさ》衛門尉《えもんのじょう》、遠江で安《あ》達宗顕《だちむねあき》、常陸で安《あ》達重景《だちしげかげ》、信濃で伴野《ともの》彦二《ひこじ》郎《ろう》が自害。建治元年の守護大量交替で越前国の守護となった吉良満氏や、同じく伯耆国の守護となった佐原頼連らも犠牲となっている。早くから安達氏の従者を輩出している上野国や武蔵国では、自害したものが報告できないほどの数であったという。

戦火は播磨など西国にも及んだ。

九州では博多郊外の岩門《いわと》で合戦が起きる。少弐経資と景資の兄弟が争った合戦である。弟の景資は安達盛宗と結んで兄の少弐経資と対立するも、肥前守護の阿蘇時定を味方にした兄の経資が、弟を敗って自害に追い込んだ。これを岩門合戦とよぶ。

十一月（霜月）に起きたことにちなんで、これら一連の衝突を霜月騒動という。これだけ多くの犠牲者を出したのだから、周到な準備がされていたのであろう。

安達泰盛とは

鎌倉での戦闘が小規模だった割に、その影響は大きかった。評定衆および引付衆の実に四割近くが失脚、あるいは自害している。泰盛の盟友であった金沢実時の子の顕時は、泰盛の娘を妻としていたため、下総国埴生荘に籠居を命じられた。

かつて霜月騒動は、御家人代表の安達泰盛と御内人代表の平頼綱との争いと理解されていた。しかし頼綱方のなかにも御家人はいたので、泰盛を単純に御家人代表とは言い切れない。また佐々木一族の頼氏《よりうじ》と宗清《むねきよ》のように、一族が敵味方に分かれている御家人の例もある。岩門合戦も、少弐経資と景資という御家人の兄弟の争いでもあった。

近年では、霜月騒動を幕府内の主導権争いととらえるのが一般的である。

泰盛の政策は急進的であった。そのうえ御恩奉行という立場は、予想以上に大きな権限を泰盛にもたらしていた。御家人は将軍の名の下に出された文書によって恩賞を手に入れるが、実際には御恩奉行がそれを処理する。御恩奉行から恩賞をもらうようなものである。竹崎季長が泰盛に感謝して『蒙古襲来絵詞』を作成させたのも、泰盛の特別な配慮によって恩賞が得られたと考えたからであった。

27──安達泰盛に馬を与えられる竹崎季長

季長のような例が増えれば、泰盛を主人と慕う勢力も増えていく。主従制の頂点である将軍にとってかわることさえ、あるかもしれない。それを御内人の平頼綱が恐れたのは当然であった。

泰盛は、幕府や将軍の本来あるべき姿を求めていた。御恩奉行をはじめとした泰盛の職務は、本来は源氏将軍がやるべきことである。しかし将軍はまだ幼い。それを代行するのは、本来は得宗である。しかしその得宗の貞時もまだ若い。それをさらに代行できるのは自分しかいない。そう泰盛は考えたのではないか。

しかし、得宗の外祖父で時の有力者であったとはいえ、制度的に泰盛は一人の御家人でしかない。幕府の制度は、泰盛の立場を象徴する役職を新たに作り出すことができないほど完成していた。それまでのしくみをこえた存在となった泰盛には、就任すべき役職がなかったのである。

弘安徳政に代表されるような公平性を保とうとすると、「公平であれ」と幕府執行部に強制しなければならなくなる。幕府中枢の人々にとって、泰盛による強制は無用な押しつけであった。公平性を保つために、幕府内の人々に対して専制的にならざるを得ない。しかし、泰盛は一介の御家人である。その押しつけは、本来の枠組みを逸脱する私的な権限による専制的なものだと誤解されかねない。

泰盛がどれだけ幕府のことを第一に考え、公平性を唱え、私的な利益を排除し、高邁な理想につき進んでいたとしても、受け止め方によっては私的な権限による専制となってしまう。幕府内に制度的な裏付けをもたない泰盛が、将軍や得宗の権限を私的に悪用しているのではないかという恐れを周囲が抱いてしまうのは、仕方のないことであった。

Ⅲ　六波羅・鎮西と北条氏

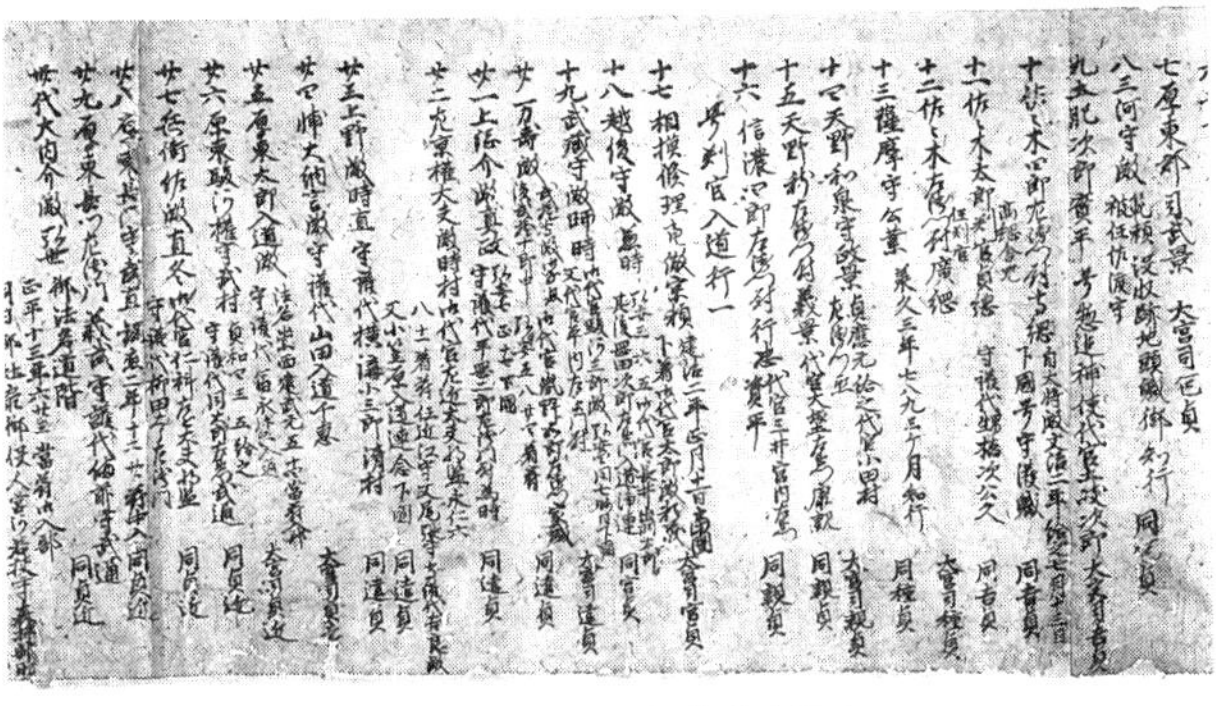

28―「長門国守護職次第」

長門国の歴代の守護と一宮大宮司を記した史料．北条氏として最初に長門へ赴いた北条宗頼（17 代目の相模修理亮殿宗頼）が建治 2 年正月 11 日に現地に到着したことが記されている．

1　六波羅探題の制度史

前節からの時間をさかのぼり、ここでは承久《じょうきゅう》三年（一二二一）に成立した六波《ろくは》羅探題《らたんだい》について、その制度史を中心にみてみよう。

六波羅探題の成立

六波羅とは、京都の鴨川東岸にある地名である。鎌倉幕府ができる前、ここには平氏の六波羅第があった。

寿永《じゅえい》二年（一一八三）に平氏が都落ちした後、その場所は平家没官領《へいけもつかんりょう》として幕府に没収されていた。文治《ぶんじ》元年（一一八五）に上洛した北条時政は、六波羅探題の前身となる京都守護の任にあたる際、この六波羅に邸宅を構えたようである。

建久《けんきゅう》元年（一一九〇）十一月七日。上洛した源頼朝は、六波羅の邸宅に入った。時政のいた邸宅とは別に、新たに造営された建物である。頼朝が鎌倉にもどってからは、京都守護の一人である一条《いちじょう》能保《よしやす》の子の高能《たかよし》がそこに居住した。しかし、建仁《けんにん》三年（一二〇三）には火事で燃えてしまう。六波羅には、時政以来の北条氏の居館が残された。

承久三年（一二二一）。承久の乱で後鳥羽上皇の側が敗れる。幕府軍として京都に攻め上がっていた北条泰時・時房は、六波羅に駐留して事後処理にあたった。二人は時政以来の北条氏の居館に入っている。これが、六波羅探題の成立である。

六波羅探題という語は、現代の研究者が命名した概念上の用語である。それは京都における幕府の機関を指す場合もあるし、その機関の長官を指す場合もある。また、その機関の所在する場所を表すこともある。なお、幕府の将軍となる人物が京都から鎌倉に下向する際には、六波羅探題を経由するのが通例だったようである。

　六波羅探題となった泰時・時房の当初の任務は、北条義時の耳目となって京都とその周辺の動静を監視することにあった。のちに初代の泰時は北方、時房は南方と称される。当初の北方と南方の関係は対等であった。機関の長官としての六波羅探題は、鎌倉幕府滅亡まで北条氏が

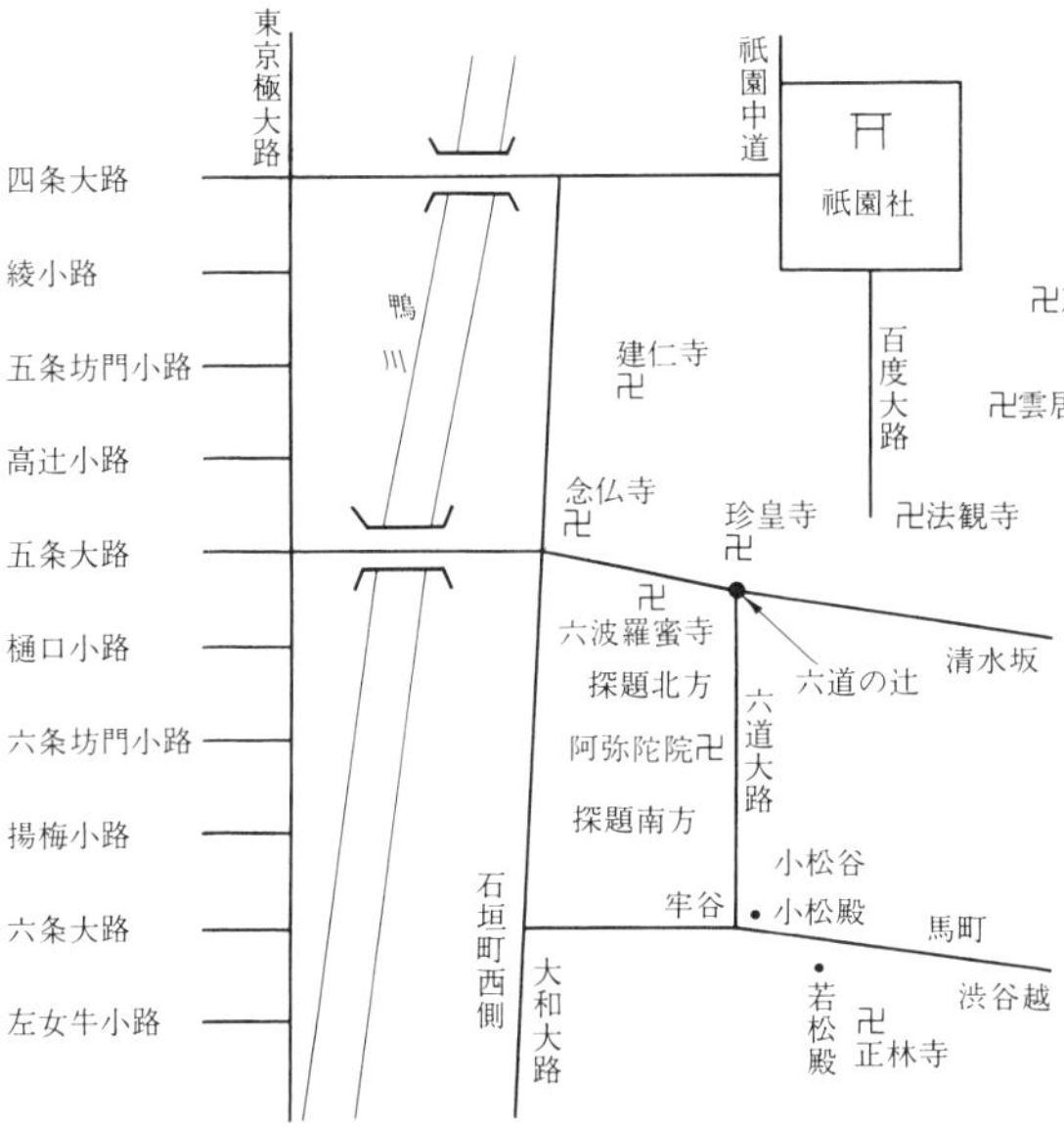

29—中世の六波羅周辺概念図
高橋慎一朗『中世の都市と武士』吉川弘文館，1996

独占する。

嘉禄《かろく》元年（一二二五）には北条時氏《ときうじ》が北方に、佐介時盛《さすけときもり》が南方にそれぞれ就任する。この時、北方の時氏が六波羅探題の職務を主導する立場となった。この立場を執権探題《しっけんたんだい》という。執権探題とそうでない探題との間には、職掌上の差異があったようである。その後は原則として北方が執権探題となっている。

北方の就任者は途切れることなく続いた。それに対して南方は、欠員が長期に及ぶこともある。この頃はまだ、探題が必ず二人いなければならない訳ではなかった。

建治《けんじ》三年（一二七七）。北条時村《ときむら》が北方に、そして佐介時国《ときくに》が南方に就任する。以後は北方と南方の二人が在任するのが通例となった。永仁五年（一二九七）には、南方の大仏宗宣《おさらぎむねのぶ》が執権探題となる。以降は、北方か南方かにかかわらず執権探題となることが可能になった。

鎌倉幕府の訴訟用語を解説した書物である『沙汰未練書《さたみれんしょ》』には、六波羅探題の職務は洛中警固《らくちゅうけいご》と西《さい》国成敗《ごくせいばい》だと書かれている。

洛中警固とは、京都周辺の治安の維持を意味している。西国成敗とは、西国の訴訟を担当するという意味である。ここでいう西国とは、訴訟に関する六波羅探題の管轄を示している。具体的には尾張（のち三河）・加賀よりも西の地域であった。

六波羅探題の求められた役割には、当初からのものとして京都周辺の動静の監視があり、その後に付け加えられたものとして、同地域の治安の維持、および西国の訴訟があったのである。以下ではまず、六波羅の訴訟にかかわるしくみについて見てみよう。

六波羅の機構整備

六波羅探題は、当初は実質的な京都占領軍という性格が強かった。そのため探題の役割も、不安定となった畿内の治安を回復することなどが中心だったようである。その後、鎌倉幕府において政治機構が整備されていくと、六波羅探題でも少しずつその整備がすすんでいった。

鎌倉幕府とおなじように、六波羅探題にも評定衆や引付方がおかれている。ただし、六波羅探題の管轄である西国でおきた裁判であっても、重要な案件は幕府で判断されることがあった。したがって六波羅探題は、幕府の下級審的な役割を脱しきれなかったとされている。

六波羅における評定の初見は文永《ぶんえい》三年（一二六六）だが、評定衆の原形は、寛元《かんげん》四年（一二四六）から宝治《ほうじ》元年（一二四七）頃までには成立していたらしい（森二〇〇五）。鎌倉の評定衆は嘉禄元年（一二二五）に成立したことになっている。六波羅では、鎌倉から約二〇年遅れて、評定衆が登場したことになる。

弘長《こうちょう》三年（一二六三）。鎌倉で引付衆をつとめていた後藤基政《もとまさ》と関戸《せきど》頼景《よりかげ》が上洛する。鎌倉での経験をいかし、六波羅の機構整備をすすめるためであろう。六波羅の引付は、弘安《こうあん》元年（一二七八）には確認できる。この頃までに引付の制度も整えられたようである。永仁《えいにん》四年（一二九六）には、幕府と同じように引付方は五番編成となった。

建治元年（一二七五）。佐介時盛が上洛する。時盛は、かつて一七年間にわたって探題南方をつとめた人物であった。彼とともに、鎌倉の引付衆であった伊賀光政《みつまさ》・二階堂行清《ゆききよ》・町野政泰《まさやす》らも上洛している。これによって探題首脳部の人員が強化された。

建治三年（一二七七）。北条時村《ときむら》が鎌倉から上洛する。時村は前執権の北条政村の子で、それまで評定衆・二番引付頭人であった。この時にあわせて、一五人程度の探題評定衆も選定されている。これはあきらかに幕府の探題へのてこ入れであった。

このようにして六波羅探題は、建治年間に大幅に整備された。南北の両探題が署名して出す（発給する）文書の形式も、この頃に形式的な完成をとげる。

六波羅探題が裁許を下す文書を、現在では六波羅下知状《ろくはらげちじょう》とよぶ。この文書は、文末が「下知件《くだん》の如《ごと》し」（下知如件）となることが多い。文末の言葉を、古文書学の用語では書止文言《かきとめもんごん》という。六波羅下知状と、幕府や鎮西探題が発給する下知状とでは、書止文言がやや異なる。幕府が裁許を下す文書を関東下知状《かんとうげちじょう》とよぶ。のちの鎮西探題のそれは鎮西下知状《ちんぜいげちじょう》とよばれている。そのいずれも、文末は「仰《おおせ》に依り、下知件の如し」と書かれることが多い。

「仰」とは、一般的には幕府の将軍の命令のことである。幕府と鎮西探題では、将軍の命令にしたがって裁許する旨が、文末には記されていた。しかし六波羅探題の場合には、将軍の仰せを伝えているという表現がみられないのである。

その理由は、六波羅探題が公家政権のための武力機構という性格をもっていたからだともいわれる。六波羅探題は、幕府の機関であるとともに、公家政権の軍事・警察を担当する組織でもある。探題が裁許を下す際には、将軍ではない別の誰かの意志が働いていることもありえた。そのため六波羅下知状には、将軍の意志であることを示す「仰」という文言が書かれなかったと考えることもできる。なぜなのか、という理由は明確には分からない。しかし、六波羅探題の下知状の書止文言が、幕府や鎮西探題の下知状のそれと異なるのは事実である。

六波羅の訴訟

六波羅での訴訟は、鎌倉と同じように、引付での審理結果が評定に上程されて判決が出されていた。

永仁四年（一二九六）以降、六波羅における評定にも、幕府と同じように式評定（定例の会議）と引付評定（判決原案を審議する会議）があったようである。その日程も鎌倉と同じであった。式評定が毎月六回（五日・十日・十六日・二十日・二十五日・晦日）、引付評定が毎月五回（二日・七日・十二日・二十三日・二十七日）おこなわれている。なお、六波羅での内評定の例はみられない。

鎌倉で評定の種類が確定できるのは永仁二年（一二九四）以降であった。それから二年程度のうちに、六波羅でも同じような制度が整えられたことになる。

しかし、六波羅の制度は鎌倉と異なる面もあった。六波羅の評定衆や引付頭人には、北条氏一門がほとんどみられないのである。一方で、長井・伊賀・二階堂・町野といった吏僚系のいわゆる文士が、その立場の多くを占めている。彼らのなかには、朝廷や公家と個別に関係を結ぶ者も多かった。

引付方に属する奉行人も、安富・斎藤・宗像・伊地知・飯尾・雅楽・松田・津戸・関・雑賀といった、西国に根拠地をもつような人々で構成されていた。北条氏の被官の数は少なかったようである。

評定衆は、京都でその地位を世襲する。それに対して、鎌倉からやってくる探題はしばしば交替し在任期間が短い。京都周辺では継続的なコネクションを望むことができない。そのため探題となった北条氏は、使者を派遣して意志を伝える場合、自分の被官を使者とするのがほとんどであった。これによって、探題個人が被官を介して西国を支配することが可能となる。

しかし、探題個人と六波羅評定衆や奉行人との関係は、鎌倉における得宗・執権と評定衆・奉行人との関係よりもドライな関係となった。皮肉なことに六波羅探題では、評定や引付の整備が進むと、探題職員と探題個人との関係は希薄になっていったのである。

かつて承久の乱に際して、六波羅探題の前身である京都守護のうちの一人が、上皇方について幕府の敵となった。西国武士の一部がこれにしたがっている。幕府はこれを反省材料とした可能性もあるだろう。在京御家人である探題職員と探題との関係を固定化させなかったのは、京都における幕府の機関が京都方の武力となって幕府に敵対しないよう、注意を払っていたからかもしれない。

永仁年間以降になると、六波羅探題を機能させるために、より力量のある人物が期待されるようになった。永仁五年（一二九七）に探題南方に就任した大仏宗宣が執権探題として起用されたのも、そうした発想の一環だったようである。

それまで宗宣は、越訴奉行や四番引付頭人を歴任し、寄合衆にもなっていた。彼の父は連署の大仏《おさらぎ》宣時《のぶとき》である。同年に西国で永仁の徳政令を実施するに際して、こうした経歴をもつ宗宣の力量が期待されたようである（森二〇〇五）。以降は南方であっても執権探題に就任することが可能となった。

以後の探題は、鎌倉からの指示をあおぎながら、六波羅では、主従関係にないうえに朝廷や貴族、有力寺社ともつながる評定衆や奉行人とともに裁判をおこないつつ、何かにつけて六波羅探題に訴え出てくる朝廷や貴族、有力寺社とわたりあうという、難しい役割を担うこととなった。

「武家」としての六波羅

西国の訴訟に加えて、京都周辺の治安維持も六波羅探題に求められた役割であった。建久元年（一一九〇）の源頼朝の上洛に伴って、洛中の警固を幕府が担当する制度が始まったようである。実際にそれを担ったのは、在京する御家人たちであった。在京人《ざいきょうにん》とよばれた彼らは、以後も洛中警固の中心となる。在京人は京都において幕府への奉公をするかわりに、京都大番役を免除される立場にあった。

暦仁《りゃくにん》元年（一二三八）に将軍の九条頼経《くじょうよりつね》が上洛した際には、京の辻々に篝屋《かがりや》が設置され、以後もそれが維持された。篝屋とは、夜間に篝をたいて辻々を明るく照らすための施設である。篝屋には交替で在京人がつめており、洛中警固の拠点として利用された。

六波羅探題は、罪人のとりしまりや処罰といった洛中警固を遂行するために、しばしば武力を用いた。その過程で抗争が生じることも多かったようである。これが京都の貴族や寺社などによって訴えられると、探題の指揮で動いていた武士が、幕府の命令によって処罰されることもあった。鎌倉幕府は基本的に朝廷や寺社からの訴えを聞き入れることが多かったので、探題の命令にしたがったのにもかかわらず、その武士が処分されることもあったのである。

朝廷や貴族、寺社などの畿内の諸勢力は、鎌倉幕府を「関東」とよんでいる。それに対して六波羅探題は、「武家」とよばれていた。

黒田俊雄氏がかつて提唱した権門体制論《けんもんたいせいろん》では、天皇を中心に「公家」「武家」「寺家」の権門が相互補完的に国家を形成しており、「武家」は、国家の軍事・警察を担当する権門と考えられている。権門体制論は、畿内の諸勢力の認識を反映したものとしては妥当である。六波羅探題は「武家」として、京都周辺の治安を維持しなければならなかったのである。

しかし、探題は同時に鎌倉幕府のひとつの機関でもあった。鎌倉幕府は、東国に対しては東国政権として存在する一方で、権門体制論でいうところの「武家」の役割を、西国では主に六波羅探題に担わせていたのである。

六波羅からの使者

鎌倉時代も後半になると、洛中警固から発展して、西国の軍事・警察にかかわる問題にも、六波羅探題が介入せざるを得なくなった。

建治三年（一二七七）頃からは、両使制《りょうしせい》とよばれるしくみがみられるようになる。裁判を担当する機関でもあった六波羅探題は、荘園領主である本所によって提起された訴訟をスムースに進めるために、各地に使節を派遣した。使節は二人いたので、このしくみを両使制とよぶ。使節は、訴訟にかかわる手続きにしたがうよう催促をしたり、実情を調査・認定したりするのが主な役目である。場合によっては、判決の内容を実現させるような行為や、軍事・警察的な行動に及ぶこともあった。

さらに永仁六年（一二九八）頃までには、本所一円地にも使節を派遣するようになる。本所一円地とは、幕府が地頭を設置していない荘園のことである。それまで幕府は介入しないことが原則であった本所一円地にも、使節が派遣されるようになったのである。

鎌倉時代後半になって、畿内を中心に西国では悪党《あくとう》とよばれる勢力が多く登場する。この勢力を鎮圧するのも、上記のようなしくみによって六波羅探題の役割とされた。

悪党は、幕府に敵対するような存在というよりは、むしろ荘園領主に敵対する勢力である。承久の乱以来、朝廷や荘園領主は自前の武力を持たない。彼らは畿内最大規模の武力に期待して、悪党の鎮圧を六波羅探題に訴え出ていた。こうして六波羅探題は、公家政権の下部組織のような武力機構としての側面を、より鮮明にしていく。

ただし、六波羅探題によって鎮圧される対象に鎌倉幕府が名指しされることはない。探題はあくまでも、鎌倉幕府が軍事権門としての役割を果たすための、ひとつの機関であった。
六波羅探題は、幕府の一機関でありながら、公家政権の下部組織のような武力機構でもある。こうした位置づけは、さらに探題の役割を難しいものとした。

六波羅から室町幕府へ

使節を派遣して訴訟を円滑におこなうシステムは、室町時代になっても維持される。特に北条氏一門が守護であった国では、六波羅探題の残したしくみの上に、室町幕府のシステムが成立していた。

先述した探題の訴訟に関わるしくみも、室町幕府に継承されている。訴訟を担当するグループである引付方は、初期室町幕府では五つ置かれた。鎌倉幕府や六波羅探題の引付方も、同じように五番であった。

室町幕府を開いた足利尊氏が二階堂《にかいどう》是円《ぜえん》らに諮問し、それに対する答申という形で書かれた「建武式目」では、鎌倉幕府評定衆らの吏僚を継承するよう示されている。二つの幕府は、制度や吏僚のレベルでの連続性が意識されていたのである。

実際に、室町幕府の機構における有力な担い手は、六波羅探題に属していた文士系の評定衆や奉行人層であった。彼らは探題とともに滅亡したのではなく、生き残って建武政権や室町幕府に仕え、故実や作法を集積して後々までの活動規範を形成している。六波羅探題と室町幕府は、文士や奉行人のレベルで具体的に連続性がみられるのである。

室町幕府の直轄軍である奉公衆《ほうこうしゅう》も、六波羅探題の指揮下にあった在京人の系譜に連なる者が多かった。

在京人のなかには、かつて承久の乱で幕府に敵対した後鳥羽上皇側についた西国の武士もいた。彼らは六波羅探題の成立にともなって、探題の指揮下に組み入れられている。所領を獲得して西国へ移住した東国出身の武士が、在京人となった例もある。

在京人の多くは、六波羅探題の滅亡に際して京都から敗走する二人の探題と行動をともにはしなかった。室町幕府が成立すると、彼らの多くは幕府直轄軍である奉公衆の一員となっている。ここにも、六波羅探題と室町幕府の連続性がうかがえる。

室町幕府をひらいた足利尊氏も、当初は六波羅に拠点をおいていた。しかし、のちには洛中に宿所を構えている。かつての六波羅探題の機構を掌握して継承しながら、室町幕府はさらに次の段階へとすすんでいくことになる。

2　鎮西探題の制度史

鎮西談義所

六波羅探題につづいて、ここでは、鎌倉幕府が九州に設置した機関である鎮西探題についてみてみよう。

30―『蒙古襲来絵詞』の少弐景資

弘安八年（一二八五）十一月。弘安徳政を主導した安達泰盛《あだちやすもり》が滅ぶ。かわって政権の運営にあたったのは、平頼綱《たいらのよりつな》である。彼は永仁元年（一二九三）四月に平禅門《へいぜんもん》の乱で滅亡するまで、幕府の中枢にあった。

頼綱は、急進的な泰盛のやり方にブレーキをかける。特に、鎮西名主職安堵令は明確に否定された。弘安徳政の御使による決定は、すべて無効とされたのである。鎮西の名主職保持者（本所一円地住人＝非御家人）が、御家人となる道は閉ざされた。

その鎮西では、ひきつづき蒙古襲来に対して備える必要があった。しかし、その戦力となるべき人々が持ち場を離れては困る。彼らが六波羅や鎌倉まで訴訟のために赴《おもむ》くのを防ぐために、訴訟を担いうる組織を鎮西に置く必要がうまれた。

弘安九年（一二八六）七月。博多に鎮西談義所《ちんぜいだんぎしょ》が設置される。少弐経資《しょうにつねすけ》・大友頼泰《おおともよりやす》・宇都宮通房《うつのみやみちふさ》・渋谷重郷《しぶやしげさと》の四人が頭人《とうにん》となり、この組織を担った。

彼ら四人の頭人の主な任務は、九州での相論を裁くことであった。四人が寄り合って裁許するよう定められている。ただし、現地で判断が難しい場合には幕府に報告するよう定められた。

一方でこの機関は、九州の御家人たちを統率する機関としても機能している。頭人の少弐経資と大友頼泰は、蒙古合戦の恩賞の分配も担当したようである。

少弐経資は資能《すけよし》の子であった。資能は、モンゴルの使者から国書をうけとった鎮西西方奉行で、筑前の守護である。子の経資はその立場を継承しており、弘安徳政では合奉行《あいぶぎょう》として活躍した。岩門《いわと》合戦では弟の景資《かげすけ》を滅ぼしている。正応《しょうおう》五年（一二九二）に没すると、子の盛経《もりつね》がこれを継いだ。

大友頼泰は、鎮西東方奉行であった。豊後の守護で、弘安徳政の合奉行もつとめている。少弐経資とともに、幕府の鎮西における有力者である。正安《しょうあん》二年（一三〇〇）に没すると、子の親時《ちかとき》がこれを継いだ。

宇都宮通房は、もとは下野国の御家人であった。弘安九年（一二八六）には得宗がつとめる肥後国守護の代官となっている。得宗との近い関係によって、鎮西談義所に起用されたようだ。

渋谷重郷は、もとは相模国の御家人であった。一族が得宗の被官となっていることから、宇都宮通房とおなじように、得宗との関係によって起用されたようである。

異国打手大将軍の下向

正応五年（一二九二）。高麗の使者がやってくる。

三度目の蒙古襲来の危機を確信した幕府は、三度目の異国征伐を計画した。異国打手《いこくうっての》大将軍《たいしょうぐん》には、北条兼時《かねとき》と名越時家《なごえときいえ》が選ばれる。兼時は得宗で執権でもある時宗の猶子。時家は幕府二番引付頭人の子である。

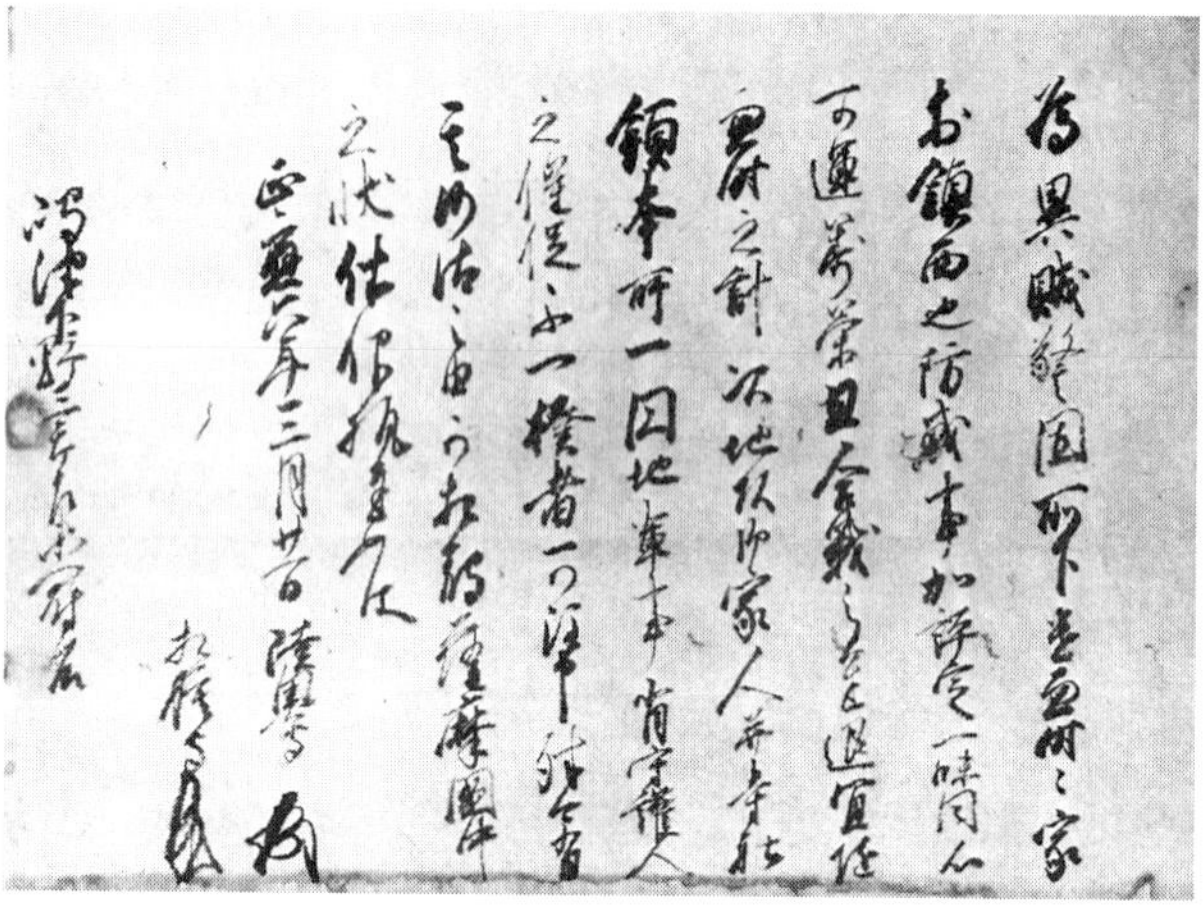

31――関東御教書（島津家文書）
鎮西に下向する北条兼時と名越時家にしたがうよう九州の武士に命じたもの．一行目最下部に「兼時，々家」とある

永仁元年（一二九三）。兼時と時家は、それぞれ大軍を率いて鎌倉から鎮西にむかった。鎮西各国の守護には、兼時の指揮にしたがうよう厳命が下る。鎮西談義所の四人の頭人も、彼の指揮下に入ったようである。

地頭御家人および本所一円地住人は、守護の軍事動員にしたがうよう定められた。本所一円地住人は、御家人となる道を閉ざされていたが、ひきつづき軍事動員される対象ではあった。

兼時・時家は異国打手大将軍である。特に兼時は軍事指揮権を与えられており、その役割は軍事的なものが中心であった。彼は防塁の整備や兵船の要害地への配置などを、守護に命じている。将来的には異国征伐に打って出る計画もあったかもしれないが、ここでの軍事行動は、もっぱら防備を固めることに注意がむけられていた。

一方で彼らは、訴訟の審理もおこなっている。

二人が鎮西に下向する際、幕府の引付奉行人である安富《やすとみ》氏の親子がこれにしたがっていた。子の安富頼泰《よりやす》は、兼時の右筆《ゆうひつ》となっている。右筆とは、本来は貴人の文章の代筆をおこなう役割をさす。この場合は、文書の作成そのものにかかわる秘書官のような立場である。

兼時のもとには、詳細は不明ながら、引付のあったことが知られる。安富氏らは、この引付の奉行人として期待されたようである。

兼時と時家の下向の評価をめぐって、現在では二つの学説がたてられている。ひとつは、二人の下向をもって鎮西探題の成立とする説。これは、探題が軍事指揮官であることを重視した見解である。もうひとつは、のちに触れる金沢実政《かねさわさねまさ》が、初代の鎮西探題だとする説。実政には後述するような確定判決権が与えられていたので、これを重視する考え方である。

本書では、探題のもつ本来の性格は軍事指揮官であったと考えている。これにしたがえば、兼時と時家を最初の鎮西探題と評することになる。しかしここでは、一般的に理解されているように、金沢実政を初代の鎮西探題と表記する。誤解を避けるために、あえて兼時・時家を探題とよぶことはしない。なお、探題の本質に軍事性を見いだすからといって、その暴力性を賛美するものではない。

永仁三年（一二九五）四月。二年間の滞在を経て、兼時と時家は鎌倉に帰った。鎌倉で兼時は評定衆となり、同年九月に没した。時家は引付衆となり、のちに三番引付頭人にまでなっている。鎮西ではかつての鎮西談義所が一時的に復活したようである。

永仁四年（一二九六）八月頃。金沢実政が長門から博多へ赴く。実政には、御家人訴訟の確定判決権が与えられた。確定判決権とは、最終的な判決を下すことができる権限である。

鎮西探題の成立

六波羅探題の場合、重要案件は幕府が最終判断を下すことがあった。しかし永仁四年以降の鎮西での相論は、鎮西探題で裁かれるのが原則となる。

鎮西における堺相論の判決権も、実政に与えられた。堺相論とは、隣接する荘園と荘園との境界線をめぐっておこる争いである。荘園の領主は本所ともよばれる。本所と本所との境界争いに幕府は手を出さず、朝廷が最終的に判断するのが幕府成立以来の原則であった。

しかし、この頃の鎮西では状況が異なっていた。蒙古襲来に備えるために、御家人だけでなく、本所一円地住人も軍事動員された。本所一円地には石築地の築造などを負担することも求められる。ここで堺相論の原則を持ち出していては、軍事指揮官として機能することができない。実政に強い判決権が求められたのは、軍事指揮官としての鎮西探題にとって当然のことであった。

こうして、確定判決権をもつ軍事指揮官としての鎮西探題が成立した。

六波羅探題と同じように鎮西探題も、現代の研究者が使用する概念上の用語である。それは博多における幕府の機関を指す場合もあるし、その機関の長官を指す場合もある。また、その機関の所在する場所を表すこともある。鎮西探題の所在地は明確ではないが、博多の櫛田《くしだ》神社《じんじゃ》周辺にあったことが推定されている。なお鎮西探題の長官には、北条氏が任命されることになっていた。

永仁七年（一二九九）。鎮西探題にも、幕府と同じように引付が整備された。鎌倉や六波羅が五番引付まで置かれたのに対して、鎮西では三番引付までしか置かれていない。各引付には一〇名程度が所属している。最初の引付頭人は、一番から順に金沢時直《ときなお》・少弐盛経・大友貞《さだ》親《ちか》であった。

金沢時直は、探題となった実政の弟である。少弐盛経は少弐経資の子で、大友貞親は大友親時の子。蒙古襲来以前から鎮西で活躍する少弐氏・大友氏のそれぞれ嫡流である。引付頭人は、一番が北条氏の有力者、二番・三番は少弐氏・大友氏の嫡流がつとめるのが先例となった。基本的にはこの形が、探題滅亡まで存続する。

鎌倉や六波羅と同じように、引付頭人は評定衆を兼ねていた。頭人ではない評定衆は最初に四名ほど任命されている。彼らは、幕府の命令を伝える関東御教書で任命された。のちには、おおむね合計一〇名が評定衆の定員となったようである。

引付に属する奉行人は、鎮西探題の被官や幕府の奉行人の家に出自をもつ者、少弐・大友両氏の一族・被官、守護級の有力御家人およびその一族、九州の御家人などで構成されていた。鎮西探題となる人物には、引付を担いうる被官の存在も必要だったようである。

実政の実績

最初に確定判決権をもつ鎮西探題の長官となったのは、金沢実政である。実政は、金沢実時《さねとき》の子であった。実時は、伯父の北条泰時に見こまれて一一歳で幕府の小侍所別当となった人物である。のちに一〇歳で同じ小侍所別当となった北条時宗に、実務の手ほどきをしたのも実時であった。

系図上では実時に五人の息子がいた。実村《さねむら》・篤時《あつとき》・顕時《あきとき》・実政・時直の五人である。実村・篤時は庶子《しょし》であった。庶子とは、家督を継がない子のことである。家督を継ぐのは嫡男《ちゃくなん》とよばれる。嫡男は顕時であった。兄の実村と篤時の母がよく分かっていないのに対して、顕時の母は北条政村の娘である。母親の出自の違いによって、先に生まれた二人は庶子となったようである。

蒙古襲来に備えた守護一斉交替の際には、実時が豊前の守護となった。実時の名代として現地に派遣されたのが、金沢実政である。建治元年（一二七五）の末。実政は豊前に赴くことになった。彼は異国征伐の指揮官という役割も担っていたようだ。

実政は嫡男顕時の同母弟であった。嫡男と同じ母から生まれた実政を鎮西に派遣するのは、実時にとって大きな決断だったはずである。実時が鎮西におもむく実政に対して置文を残したのも、父親としての期待と不安の表れであろう。

弘安六年（一二八三）。実政は豊前守護から周防・長門守護に移り、長門へ移住する。長門は、九州北部とともに幕府の重要な防衛拠点であった。かつて建治元年（一二七五）の守護一斉交替の際には、北条宗頼《むねより》が守護として現地に赴任している。宗頼は、得宗である時宗の数少ない弟の一人であった。長門守護は周防守護も兼任し、一般的な守護よりも大きな権限をもっていたようである。

宗頼は、守護として長門国内の訴訟を棄却する内容の下知状を出している。長門にも警固番役が組織されていたので、訴訟を口実に武士たちが持ち場を離れるのを避ける必要があった。そのために、少なくとも鎌倉まで訴えるかどうかを判断するような権限は、周防・長門守護に与えられていたらしい（藤井二〇〇五）。

実政は、こうした権限をもつ周防・長門守護となった。

もともと実政は、異国征伐のために鎮西に下向した人物であった。周防・長門守護には、鎌倉からやってきた異国征伐の指揮官という実政の肩書きが求められたのである。その周防・長門守護には裁判に関する一定程度の権限が与えられていた。おそらく実政も、同じような権限を行使したであろう。

永仁四年（一二九六）。こうした実績をもつ実政が、鎮西探題となった。

実政は、かつての異国征伐の指揮官であり、周

32――鎮西の金沢氏系図

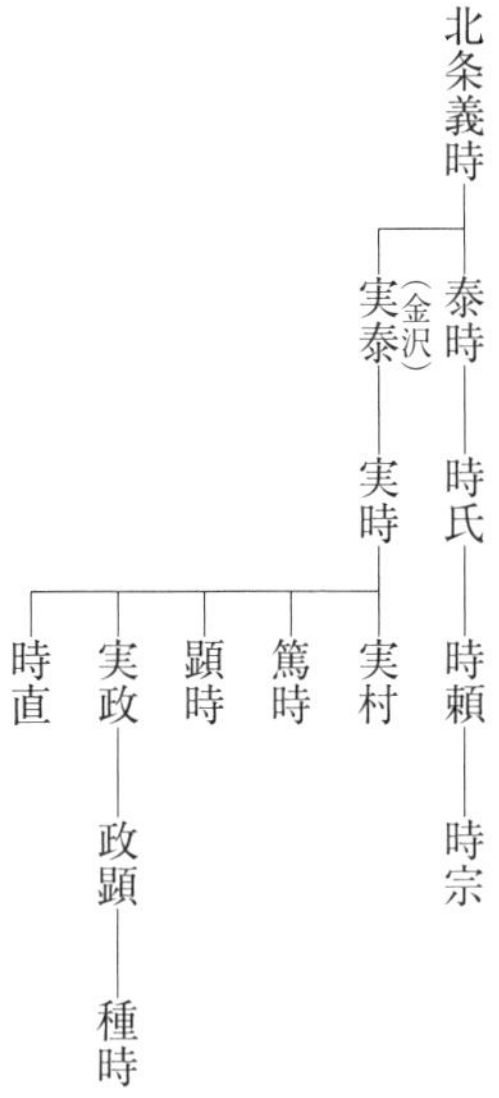

33——鎮西探題系図　（異国）は異国打手大将軍、「探題」は探題就任者、「代理」は探題の代理を示す

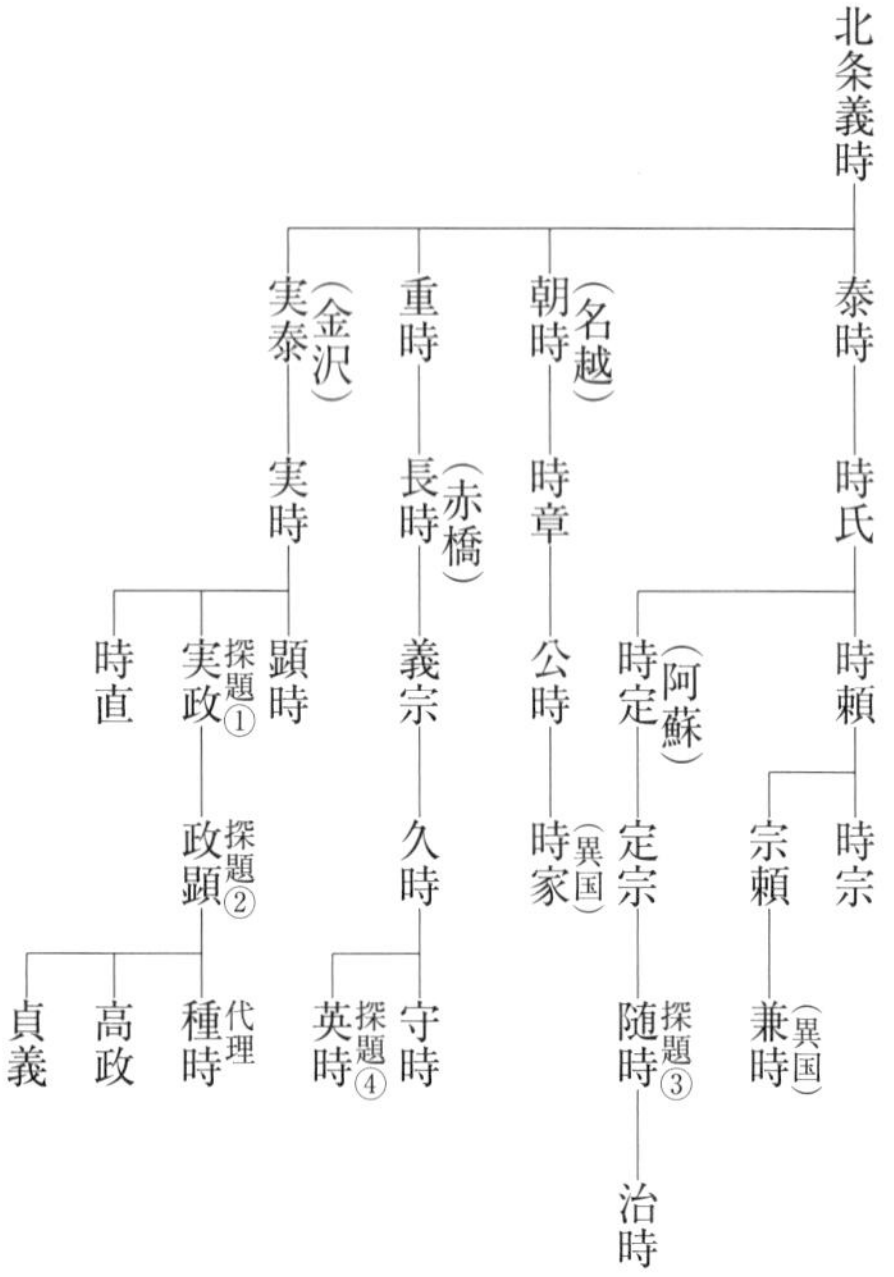

防・長門守護として両国の裁判にも携わっていた。こうした実政の実績は、新たに設置された鎮西探題にふさわしいものであった。むしろ彼の経歴の延長線上に、鎮西探題が成立したとさえ評価できる。

政顕・（種時）・随時

正安三年（一三〇一）。実政の息子の政顕《まさあき》が探題となる。出家した父の地位を継承しての就任であった。実政は翌年に没している。

就任した時に政顕は三三歳。逆算すると、生まれは文永六年（一二六九）となる。父実政が鎮西に下向したのは建治元年（一二七五）であった。彼は七歳で父とともに鎌倉から鎮西におもむいたことになる。

九州における相論に裁許を下すなど、政顕の権限は父実政のそれとおなじものであった。正和《しょうわ》四年（一三一五）七月以降、政顕の活動は確認できなくなる。しばらくは、政顕の子の種時《たねとき》がその代理を務めていたようである（川添一九六四）。

文保元年（一三一七）頃。阿蘇《あそ》随時《ゆきとき》が鎮西探題となった。随時の父は定宗《さだむね》で、定宗の父は時定《ときさだ》である。一説には、随時は時定の子で、のちに定宗の猶子になったともいわれる。

時定はかつて、肥前の守護となって鎌倉から現地に下向した人物であった。彼の下向は異国征伐の一環だったようである。

時定の母は、北条経時・時頼の二人の執権を産んだ松下禅尼（安達景盛の娘）であった。当時の執権時宗にとっては、存命する唯一のおじである。時宗の名代のような立場で、異国征伐の指揮官として鎮西に下向したのが時定であった。その孫にあたるのが随時である。

祖父の時定が鎮西に赴いたのは弘安四年（一二八一）のこと。随時が生まれたのは、その一〇年後の正応四年（一二九一）であった。随時は鎌倉を知らず、鎮西で生まれ育ったことになる。

34―伝北条時宗像

北条時宗像と伝わるが，現在では阿蘇定宗を描いたものとする説が有力．定宗は北条時頼の孫で，時定の養子に迎えられたという

その随時は、正和四年（一三一五）に鎌倉で二番引付頭人となっている。鎮西から鎌倉に移っての就任であった。そして文保元年（一三一七）頃になると、九州に戻って鎮西探題となっている。

これまでの研究では、随時の探題就任は金沢氏との関係で考えられてきた。金沢氏の鎮西での勢力拡大を警戒した得宗が、金沢氏にかえて、得宗に近い随時を探題に就任させたというのである。しかし、金沢氏は以後も鎮西で勢力を保ち続けている。特に所領を没収された形跡もない。得宗が金沢氏を意図的に排除したとはみなしがたい。

探題の条件

探題の本来の職務は、異国征伐の名のもとに異国警固をおこなうという、軍事的なものであった。

鎮西談義所にやってきた北条兼時・名越時家は、異国打手大将軍であった。最初の本格的な鎮西探題となった金沢実政は、もともとは異国征伐の指揮官として鎮西に下向している。鎮西探題は本来、軍事指揮官だったのである。

軍事指揮官は、本拠地である鎌倉から派遣されるのが先例であった。六波羅探題として在京していた兼時は、わざわざ鎌倉にもどってから鎮西に向かっている。金沢実政も、父実時の名代として鎌倉から派遣された指揮官であった。実政の跡を継いだ政顕は、鎌倉生まれで七歳までは鎌倉にいた。現地での親子間の継承は、鎌倉生まれの二代目までは認められていたようである。

しかし政顕の子の種時は、生まれも育ちも鎮西であった。彼に指揮官の資格はなかったのであろう。そこで、鎌倉から改めて鎮西探題を派遣する必要が生じた。実政の例からすれば、幕府の一番引付頭人の名代が探題となるべきである。種時が探題代理をしていた頃、一番引付頭人の立場にあったのは、赤橋守時《あかはしもりとき》であった。しかし彼はまだ二一歳。子供は生まれていたとしてもまだ幼く、とても探題はつとまらない。

軍事指揮官である鎮西探題は、幕府内で一番引付頭人の名代クラスの人物を鎌倉から派遣すべきである。ただし探題の強い権限に堪える人物でなければならない。

この条件を満たすために発案されたのが、随時の幕府二番引付頭人への就任であった。

随時は異国征伐の一環として鎮西に派遣された時定の孫で、鎮西での経験は十分である。幕府の二番引付頭人は、一番引付頭人に次ぐ地位であった。鎮西からいったん鎌倉に移り、二番引付頭人を経験してから鎮西に赴けば、探題の条件はほぼ満たせる。裁判を担う引付頭人を一年でもこなせば、鎮西での訴訟に対応する最低限の能力も身につく。

鎮西にいる随時にわざわざ幕府の役職を一年だけ経由させたのは、こうした事情が背後にあったからであろう。

元亨《げんこう》元年（一三二一）六月。随時が没する。在任わずか四年であった。

随時には治時《はるとき》という子がいる。しかし、彼は当時まだ四歳。父の随時が幕府の二番引付頭人となっていた時期には生まれていないので、鎌倉の地を踏んだこともない。彼は探題の条件を満たすことができなかった。

探題となるのは、幕府の一番引付頭人の名代クラスである。この時の一番引付頭人は、二年前に再任した赤橋守時であった。守時は当時二五歳。やはり子供はまだ幼い。そこで指名されたのが、守時の弟の英時《ひでとき》であった。英時の年齢は不詳だが、当然ながら兄の守時よりは年少である。かつて金沢政顕が没した頃には探題となれないほど幼かったとすると、この頃にようやく二〇歳となったくらいであろう。

こうして英時が、一番引付頭人である守時の名代として鎮西に派遣された。元亨元年（一三二一）十一月。この頃までには、探題としての活動を始めている。結果的に彼は、最後の鎮西探題となった。

鎮西探題は、もともとは異国征伐の指揮官であった。その立場は、鎌倉で生まれて鎮西に渡った二代目までは継承が認められた。しかし、鎌倉を知らない三代目である種時や治時には認められなかった。それはまるで、鎌倉幕府の将軍が二世代までしか続かなかったことと、対をなしているかのようである。

被官を引付に起用する

確定判決権を与えられた鎮西探題は、①金沢実政、②金沢政顕・種時（代理）、③阿蘇随時、④赤橋英時とかわっていった。探題の交替にともなって、引付の奉行人の構成にも変化が見られる。

①②の金沢氏が探題の時には、平岡右衛門尉《ひらおかうえもんのじょう》・平岡次郎兵衛尉《じろうひょうえのじょう》・和泉右衛門二郎《いずみうえもんじろう》など、金沢氏の被官が引付衆に起用されている。

なかには、周防・長門に出自をもつとおぼしき薭田四郎次郎《ひえだしろうじろう》・長門掃部左衛門尉《ながとかもんさえもんのじょう》・豊田太郎左衛門《とよたたろうさえもんの》尉《じょう》といった御家人もいた。彼らは、金沢実政が周防・長門守護だったときに被官となったようである。相模国から周防の所領に赴いていた平子《たいらこ》氏一族の平子三郎入道も、周防守護であった実政の被官となったのちに探題の引付に登用されたらしい。

こうした引付を担いうる被官を抱えていることも、探題の人選の際には参考とされたであろう。

③の阿蘇随時が鎮西探題に就任すると、金沢氏の被官は引付から姿を消す。かわって野尻《のじり》五郎太郎・神田《かんだ》五郎ら、随時の被官が起用された。惟宗定頼《これむねさだより》・平野大和房《ひらのやまとぼう》などの引付奉行人も、随時の被官と推定される。

④の赤橋英時が探題になると、随時の被官は引付から退いている。それにかわって、英時の被官である周防弥五郎政国《すおうやごろうまさくに》・下広田久義《しもひろたひさよし》・弾正次郎兵衛尉《だんじょうじろうひょうえのじょう》・佐治右衛門太郎《さじうえもんたろう》などが、引付の奉行人に加えられた。

以上のように、探題が交替すると、探題の被官も引付を退くことが多かった。これは、探題と被官との個別的な関係が強かったことを示す。軍事指揮官である鎮西探題は、個別の被官を探題の組織にもちこむ必要があったのである。

引付を組織しておこなう裁判の方法は、幕府とほぼおなじであった。

奉行人は引付頭人の指揮のもとに訴訟の手続きをすすめ、判決原案を作成する。それを引付頭人が評定で示す。この評定は引付評定とよばれた。ここで判決が決定する。鎮西探題が下した判決は、鎮西下知状によって示された。下知状には、引付評定の日付が記されたようである。

引付は命日をはばかる

鎮西下知状の日付をみると、引付評定の日程も、探題の交替とともに変化している（築地二〇〇七）。

①の実政の時期には、残された史料が少ないため、引付評定の日付は判然としない。②の政顕が探題となったのは正安三年（一三〇一）。この頃には、二日・六日・十二日・十六日・二十二日・二十六日の六日間に下知状の日付が集中している。毎月これらの日に引付評定がおこなわれていたのである。

鎌倉や六波羅では、引付評定は月に五回であった。訴訟を担当する引付が五番まであったからである。一方で鎮西では、引付が三番までしかなかった。そのため引付評定は、三の倍数である六回おこなわれた。引付ひとつあたりの作業量は多くなるが、この方がより多くの裁判をこなすことができたはずである。

応長《おうちょう》元年（一三一一）十月二十六日。得宗の北条貞時が没した。以降は貞時の命日である二十六日をはばかって、二十七日を引付評定の日に改めたようである。

③の随時が探題となったのは文保元年（一三一七）頃。③は期間が短いため、引付評定の日程はよく分かっていない。

④の英時が探題となったのは元亨元年（一三二一）十二月。就任直後をのぞくと④の時期は、毎月

五日・十日・十六日・二十日・二十五日・二十九日の六回、引付評定がおこなわれたようである。④の時期の引付評定は、基本的に五の倍数の日に開催されている。この法則の例外は、十六日と二十九日である。

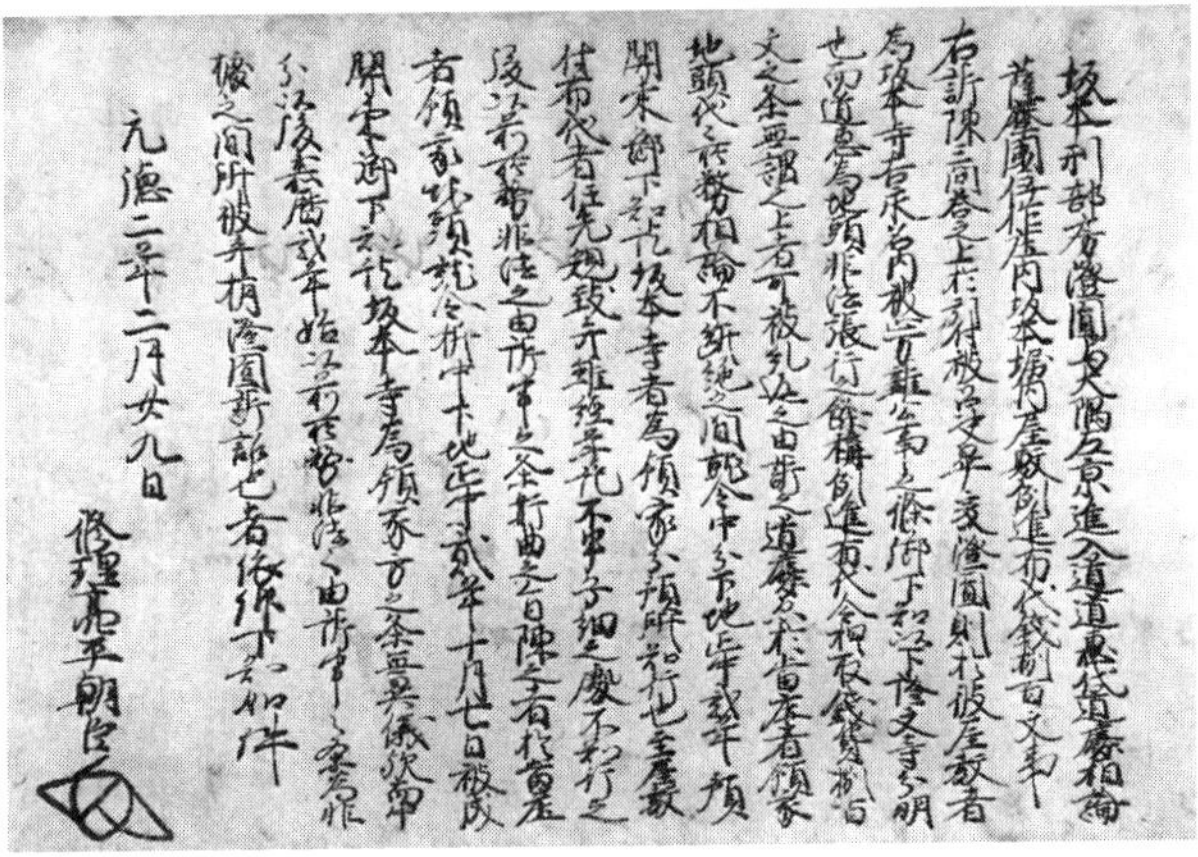

35――鎮西下知状（島津家文書）
2月29日の日付が記されたもの．元徳2年（1330）の2月は小の月

当時の月の最終日（晦日《みそか》）は、小の月が二十九日、大の月が三十日であったから、二十九日というのは実質的に三十日と同じ意味を持つ。つまり二十九日は、五の倍数の例外ではなくなる。残された例外は、十六日である。

②の時期には、得宗貞時の命日の二十五日をはばかって、二十六日に引付評定の日程が移されていた。すでに触れたように、鎌倉と六波羅では北条時頼の命日である二十二日が避けられ、二十三日が引付評定の日となっていた。

さかのぼってみると、仁治《にんじ》三年（一二四二）六月十五日に北条泰時が没している。泰時は、評定のしくみをつくりだした人物であった。彼の命日である十五日を避けて、十六日に引付評定を開催していたようである。得宗の命日を一覧にすると、次のようになる。

【得宗の命日一覧】

北条義時：六月十三日　北条泰時：六月十五日　北条経時：閏四月一日

北条時頼：十一月二十二日　北条時宗：四月四日　北条貞時：十月二十六日

得宗の命日は、幕府でも二つの探題でもおおむね引付評定の日程から外れている。ただし、金沢政顕が探題であった②の時期に、時頼の命日である二十二日が引付評定の日となっている理由は定かではない。

博多からの使者

六波羅とおなじように鎮西探題にも、裁判をスムースに進めるために使者を派遣して事に当たらせるしくみが整えられた（増山一九九六・外岡一九九六）。

使節の事例は永仁六年（一二九八）からみられる。鎮西探題が下知状を発給するようになるのは永仁五年（一二九七）以降。使節を派遣するしくみは、裁判制度の成立とともにできあがったものであった。

六波羅と同じように、使節は、訴訟にかかわる手続きの催促や実情の調査・認定、あるいは判決の内容を実現させる行為や、軍事・警察的な行動が、主な役割であった。しかし、その実態は六波羅とはやや異なる。

六波羅での使者の役割は、当初は訴訟手続きの催促などから始まっていた。時期が下ると、裁決の執行といった強制的なものが登場してくる。それに対して鎮西では、訴訟手続きの催促などが多数を占め、裁決の執行は最後の数年に少し増加する程度であった。

また、使節の人数も六波羅と少し違っている。六波羅では、同じ案件について二人が使節に任命されることが多かった。それに対して鎮西では、六割近くが一人の使節によって任務が遂行されている。ただし、強制的な執行の際には二人が任じられることが多かった。

こうした鎮西探題の使節派遣の特徴は、訴訟にかかる時間を短くしてできるだけ多くの案件を処理するためだったようである。

手続きに関わる使節を一人にすれば、責任の所在を明確にできる。手続きそのものは、決まりに沿って進めるだけである。一人の責任でおこなった方が時間はかからない。一方で強制執行の際には、一人より二人の方が執行の強制力が増す。これがスムースに進めば、同じ案件が長引くこともない。

鎮西探題には、確定判決権が与えられていた。これは鎮西の武士たちが六波羅や鎌倉に訴訟のためにやってくることを避けるためであった。裁判によって異国警固がおそろかになっては困るからである。異国警固を優先させるためには、裁判を長期化させず、できるだけ多くの案件を処理する必要があった。そのために鎮西探題の引付評定は、鎌倉や六波羅よりも一日多く、一ヵ月に六回と決められている。

鎌倉や六波羅では、当初は公正な裁判を着実におこなうことを求められていた。時には煩雑な処理も必要となる。配慮しなければならない勢力も多い。公正であろうとすればするほど、かかる時間は長くなる。しかし鎮西探題には、なによりスピードを重視していたようである。

3 西国の北条氏一族

北条氏は鎌倉で幕府政治の実権を握っていた印象が強い。確かに、寄合や評定、引付に参加するような人々は、なかなか鎌倉を離れることはなかったようである。

しかし、なかには鎌倉を離れて西国にむかう北条氏もいた。鎮西探題はその代表格である。これまで述べてきたように、彼らは父や兄の名代として現地に赴く例が多かった。現地では、鎌倉で生まれた二代目までは、継承を認められていたようである。

父・兄・弟

父や兄の名代として弟が本貫地《ほんがんち》を離れるのは、御家人も同じであった。たとえば『吾妻鏡』嘉禄二年(一二二六)五月八日条に記された、内藤盛家《ないとうもりいえ》(父)とその子の盛親(兄)・盛時《もりとき》(弟)の例がある。この例では、父の盛家は兄の盛親とともに在京・在国していた。一方で弟の盛時は、鎌倉に住んで幕府に出仕している。

京都・鎌倉・本貫地・遠隔地の所領などといった複数の拠点を維持するために、武士たちは、父・兄・弟がそれぞれの拠点に住み分けるような、一族内での分業をおこなっていた。拠点のいずれを重視するかは、それぞれの位置関係や御家人の規模によって異なるが、弟が本貫地を離れることが多かったようである（秋山二〇〇六）。

こうした分業体制は、兄弟惣領ともいうべきしくみを生み出した。武士の家の惣領《そうりょう》（一族の長）のほかに、弟をもうひとりの惣領として設定するような考え方である。二人の惣領の存在によって一族が分裂しないように、兄弟を親子にみたてる発想も登場した（田中二〇一二）。兄弟惣領の場合には、弟は兄の名代のような存在となる。兄弟を親子にみたてる場合には、弟は兄の子のような存在となる。武士の家の弟は、兄の名代や兄の子のような立場となることもあったのである。

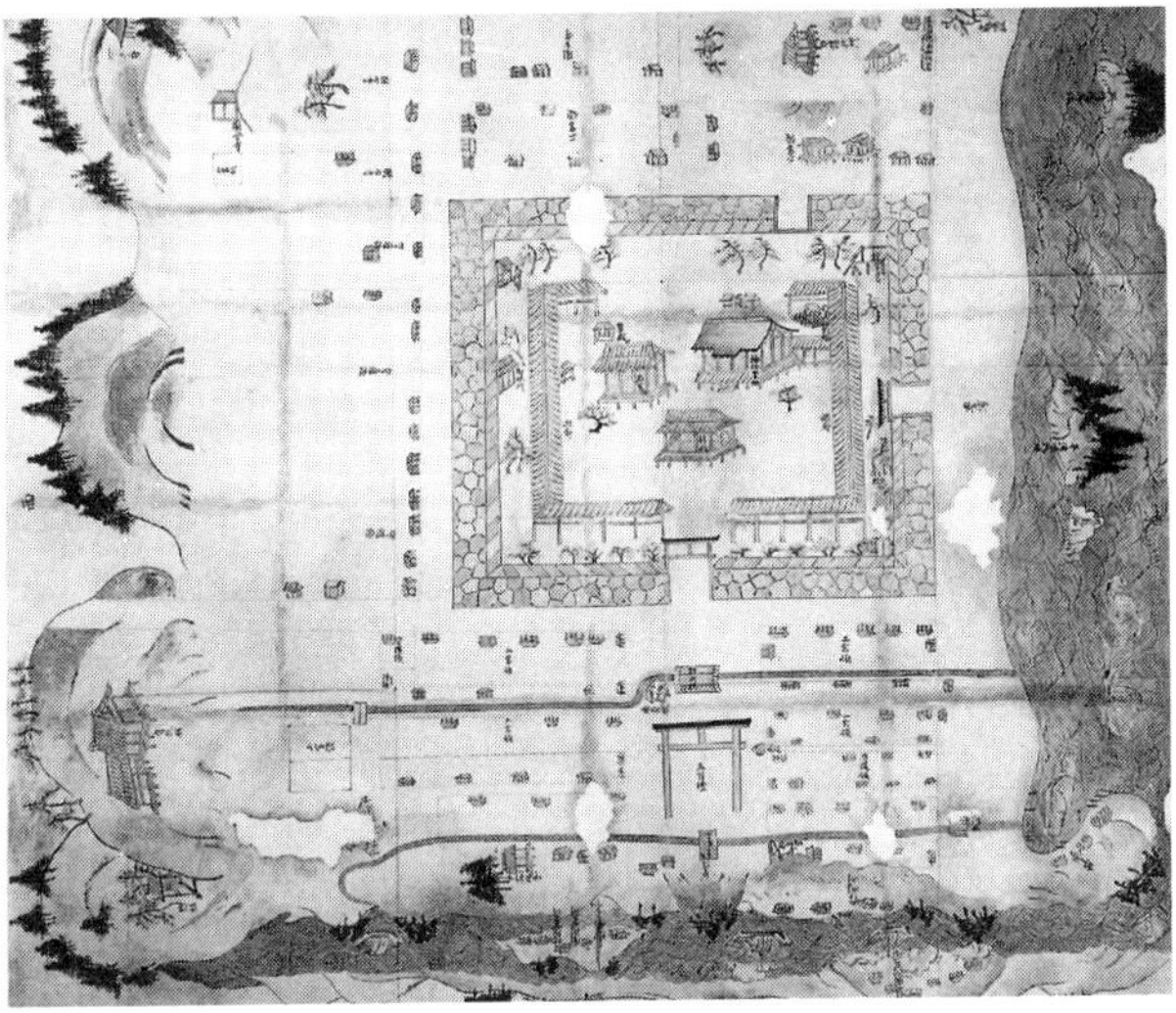

36――忌宮神社境内絵図
忌宮神社は山口県下関市に鎮座．この神社の境内を描いた絵図に守護の館が登場する．左下の建物に「守護館」とある

西国にむかった北条氏も、多くの場合、鎌倉に住む父や兄の名代として現地に赴くことが多かった。それは鎮西探題の就任者だけでなく、周防・長門守護にもみられる。

周防・長門守護にはそれなりの権限が与えられていた。のちにその立場は、長門探題とさえ称されている。守護の館は、長府（山口県下関市）に置かれたようである。

周防・長門守護あるいはその名代のうちで現地に赴いたのは、北条宗頼・兼時《かねとき》・師時《もろとき》・時兼《ときかね》・金沢実政・北条時仲《ときなか》・金沢時直《ときなお》らである。彼らは、鎌倉幕府の執権や一番引付頭人といった幕府の要職にある人物の名代、あるいは現地でその地位を継承した子息であった。

名代には、鎌倉で要職にある人物の弟、あるいは嫡男の弟が選ばれている。周防・長門守護も、鎌倉で生まれた二代目までは継承が認められていたようである。

彼らのなかには猶子となった者も多い。猶子は嫡子（跡継ぎ）にはなれない。猶子をむかえるということは、あらたに嫡男の弟を生み出すのと同じことであった。猶子とは、実質的に名代となる人物を仕立てあげる手段でもあったのである。

生まれ育った鎌倉で役職についていた父や兄とはちがって、弟は見知らぬ土地で実務にあたった。もちろん、兄たちの鎌倉での職務も多忙を極めただろう。しかし、あまり歴史の表舞台に登場しない彼ら弟たちは、北条氏のなかでも敗者であるかのようにさえ見えてくる。

以下では、周防・長門守護として現地に赴いた人々を中心に西国で活動した北条氏をとりあげ、彼らの生涯をたどることにしよう。

建治元年（一二七五）の守護一斉交替で、北条宗頼《むねより》が周防・長門守護となった。彼は実際に長門へ赴いたようである。北条氏一族で六波羅探題よりもさらに西へむかったのは、おそらく彼が初めてであった。

最初に西国にむかった宗頼

宗頼の父は、執権となった北条時頼である。時頼には四人の子がいた。四兄弟は、時宗・宗政《むねまさ》・時《とき》輔《すけ》・宗頼という序列で扱うことが明確にされている。最初に生まれた時輔は、三番目に位置づけられた。北条重時の娘を母とする時宗と宗政の兄弟は、時輔よりも上位と定められる。宗頼の母は他の兄弟とは異なっていたようだが、詳しくは分かっていない。四兄弟の後に生まれた子は、出家して時厳《じごん》となのっている。

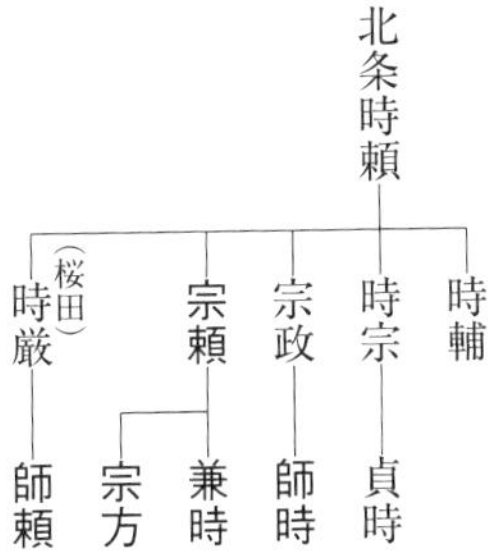

37——北条宗頼・兼時系図
ゴシックは、六波羅よりもさらに西国に移った人物

四兄弟のうち、筆頭の時宗が父時頼の後継者となった。のちにその地位は得宗とよばれる。二番目の宗政は、引付を経由せずに評定衆となった。文永十年（一二七三）には、二一歳にして三番引付頭人となっている。得宗の近親者として順調な昇進であった。三番目の時輔は、文永九年（一二七二）の二月騒動で誅殺されている。

宗頼は、年少の頃から鎌倉で幕府儀礼に参加していた。文応元年（一二六〇）以降には、将軍が鶴岡八幡宮を参詣する際に何度か供奉人をつとめている。生年は未詳だが、兄の宗政が建長《けんちょう》五年（一二五三）正月の生まれなので、文応元年（一二六〇）の時点ではまだ八歳以下ということになる。文永三年（一二六六）に宗尊《むねたか》親王が帰洛する際の供奉人にも、その名前が見える。この頃でようやく一〇歳程度であった。何事もなければ、そのまま鎌倉で北条氏一族として儀礼に参加するような生活を送ったことであろう。しかし、それが許される状況ではなくなってしまった。

建治元年（一二七五）。西国の守護が一斉に交替する。この時は鎌倉から現地に赴くことが求められた。特に周防・長門は防衛上の拠点である。執権や引付頭人の名代クラスの人物が下向しなければならない。

そこで選ばれたのが、宗頼であった。宗頼は時宗の弟である。時宗は得宗であり当時の執権であった。承久の乱の際には、執権義時の弟である時房が東海道大将軍の一人となっている。そのときと同じように、執権の弟が現地に派遣された。宗頼は兄時宗の名代として、周防・長門守護となったのである。

建治二年（一二七六）正月十一日。宗頼は長門へ到着する。生まれてからおよそ二〇年にわたって慣れ親しんだ鎌倉を出発したのは、前年末のことであった。彼には一般的な守護よりも大きな権限が与えられていたようである。

宗頼は、大友頼泰の娘を妻とした。頼泰は鎮西東方奉行であり、弘安徳政の折には合奉行をつとめ、鎮西談義所では頭人となるなど、九州で活躍する有力御家人であった。その大友氏の娘を妻に迎えたのである。宗頼はこのまま長門で活動しつづけるつもりだったのであろう。この女性との間には、弘安元年（一二七八）に二男の宗方《むねかた》が生まれている。

宗頼には、宗方の前に生まれた長男がいた。それが時業《ときなり》である。時業はのちに兼時《かねとき》と改名しているので、ここでは兼時で表記を統一する。母は分かっていない。没年齢から逆算すると、生年は文永元年（一二六四）。父宗頼が長門にむかう前に、鎌倉で生まれたことになる。兼時は一二歳の頃、父とともに長門に赴いていたようである。

弘安二年（一二七九）六月。約三年の長門滞在ののち、宗頼は長門で没する。

宗頼は北条時頼の息子として鎌倉で生まれた。何事もなければ、鎌倉で儀礼に参加していればよかった立場である。場合によっては、得宗の弟として幕府の中枢に位置した可能性すらある。

しかし彼はおよそ二〇歳で鎌倉を離れ、それから三年ほどで故郷から遠く離れた長門で没した。一〇代までの鎌倉での生活からは、想像しがたい最期であった。

各地を転々とした兼時

宗頼の没後に長門の守護となったのは、息子の兼時である。彼は鎌倉で生まれていたので、現地で父の立場を継承することができた。

弘安四年（一二八一）閏七月。周防・長門守護を退き、播磨国《はりまのくに》へと向かった。一八歳のことである。

この時に幕府は、播磨国の御家人に対して命令を発した。モンゴル軍が瀬戸内に入ってきたら、兼

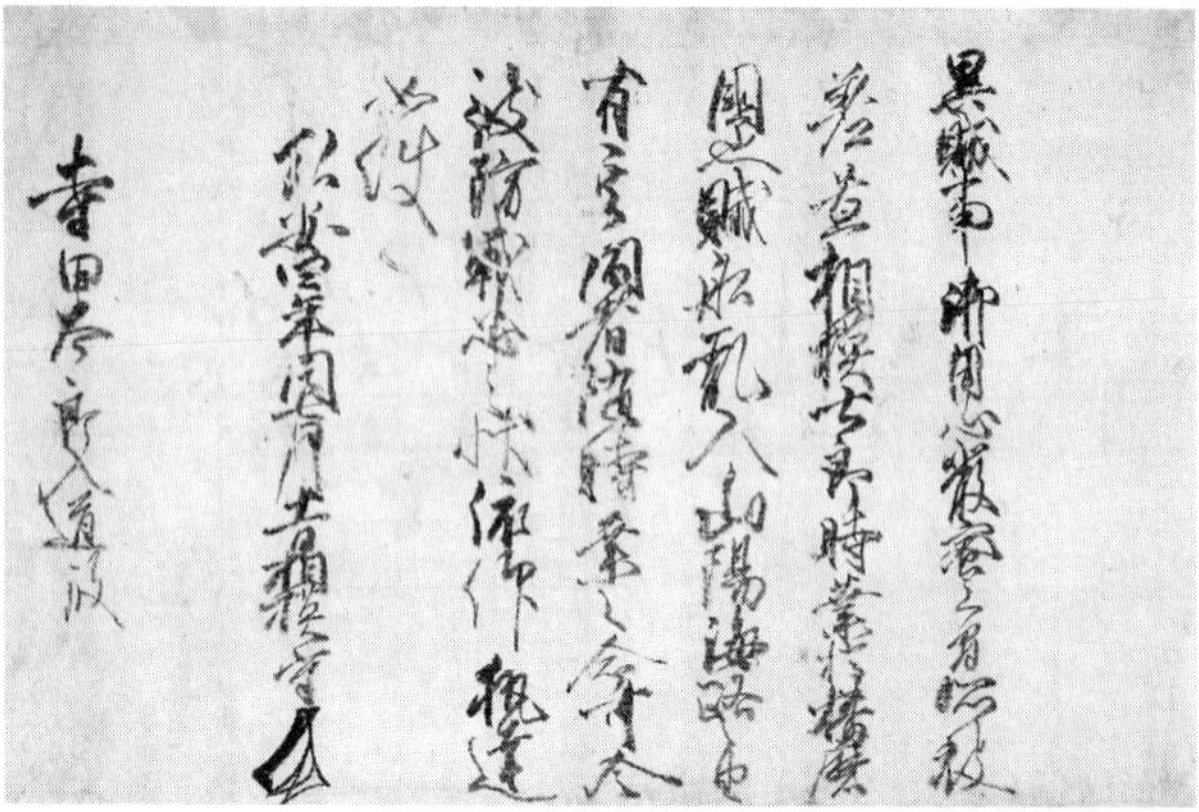

38―関東御教書

播磨に派遣する北条時業（のちに兼時と改名）の司令に従って防戦するよう，御家人の寺田太郎入道に宛てて幕府が命じている．冒頭には「異賊事，御用心厳密」とある．2行目に「相模七郎時業」の名が見える

時（この頃は時業）の指示にしたがって防戦するようにというのである。兼時に与えられた大きな役割のひとつは、瀬戸内海から畿内への侵入を防ぐために軍勢を指揮することであった。長門とおなじように、播磨も軍事的に重要な拠点だったのである。

弘安七年（一二八四）十二月。兼時は播磨の賀古《かこ》河《がわ》（兵庫県加古川市）を出発して、京へと向かった。六波羅探題南方に就任するためである。同十年（一二八七）八月には、南方から北方へと移った。この頃、兼時は二四歳。

執権で得宗の時宗からすれば、兼時は甥にあたる。時宗はこの甥を猶子としたようである。まさに時宗の名代であった。実はこの兼時が、たびたび登場している異国打手大将軍の一人である。

永仁元年（一二九三）正月。兼時は六波羅からいったん鎌倉に移動する。かつて父宗頼とともに長門へ赴いた時、彼はまだ一二歳であった。その少年が、三〇歳になって鎌倉へ戻ってきたのである。

しかし、彼に鎌倉を懐かしむ余裕はなかった。兼時が鎌倉によばれたのは、関東から軍勢を引きつれて、異国打手大将軍として鎮西に向かうためであった。一ヵ月もしないうちに鎌倉を発ち、京都を経由して鎮西へと向かった。同じように異国打手大将軍に任じられた名越時家は、同年四月に鎌倉を出発した。

あるいはこの短い鎌倉滞在の間に、時宗と対面してその猶子となり、時業から兼時へと改名したのかもしれない。

鎮西で兼時は、軍事指揮権を握っていた。周防・長門守護として警固番役を管理し、播磨守護として瀬戸内の警備を指揮した経験が、大いに役に立ったであろう。また、兼時は鎮西で引付を組織して訴訟にも対応している。六波羅探題として裁判をおこなっていた経験が生かされたはずである。

軍事も訴訟も担当する兼時の立場は、それまでの彼の経歴にふさわしいものであった。むしろ彼の経歴があったからこそ、その立場が実現したともいえる。

永仁三年（一二九五）四月。二年間の滞在を経て、時家とともに鎌倉に帰る。長門・播磨・六波羅南方・同北方・鎌倉・博多・再び鎌倉と、各地を転々とした兼時は、ようやく故郷に落ち着くことができた。鎌倉では幕府の評定衆となる。その実績からすれば、引付頭人や執権・連署といった役職についたとしても不思議ではなかった。しかし、その年のうちに彼は三二歳で没してしまった。

兼時は、北条宗頼の子で時宗の甥であった。何事もなければ、父と同じように鎌倉で幕府の儀礼に参加していればよかったような立場である。しかし彼は、一二歳で父とともに蒙古襲来の最前線である長門へ向かった。一六歳で亡父の跡を継ぎ、周防・長門守護の重責を担う。二〇歳で播磨へ移って瀬戸内の防備を指揮し、二一歳で六波羅探題の重職についた。そして三〇歳で、異国打手大将軍となっている。

時宗の甥で、のちには時宗の猶子となったのにもかかわらず、兼時は各地を転々とした。むしろこうした立場だったからこそ、得宗の名代として各地で活動せざるを得なかったのであろう。

長門で後半生を送った時仲

弘安四年（一二八一）閏七月。播磨守護となった兼時は、周防・長門守護を退任する。三年後の弘安七年（一二八四）に金沢実政が就任するまで、両国守護の詳細は明らかではないが、おおむね以下のように推測されている（秋山二〇〇六）。

この頃、幕府で一番引付頭人となっていたのは、北条宗政であった。彼は兼時の伯父にあたる。どうやら宗政が周防・長門守護となり、子の師時が名代として現地に赴いたらしい。しかし、宗政はその年の八月に没してしまう。師時はすぐに鎌倉に戻ったようである。

病死した宗政の後任として幕府の一番引付頭人となったのは、普音寺業時《なりとき》であった。彼が両国守護を継承し、息子の時兼《ときかね》を名代として派遣したらしい。しかし、これも長くは続かなかった。

弘安七年（一二八四）。金沢実政が周防・長門守護となった。実政については、鎮西探題の項目ですでに述べたとおりである。

永仁四年（一二九六）。実政が鎮西探題に転出すると、周防・長門守護には北条時村《ときむら》が就任した。時村は、当時の幕府の一番引付頭人である。彼の息子の為時《ためとき》はすでに没していた。そのため時村は、孫の時仲《ときなか》を名代として現地に派遣している。

時仲の生年は未詳だが、兄の熙時《ひろとき》は弘安二年（一二七九）の生まれであった。長門に赴いた永仁六年（一二九八）の段階で、時仲の年齢は一〇代後半だったことになる。熙時はすでに三年前には幕府の引付衆となっていた。鎌倉を離れられない兄にかわって、弟の時仲が父の名代として現地に派遣されたのである。

嘉元《かげん》三年（一三〇五）四月。鎌倉では嘉元の乱が起きる。北条宗方《むねかた》が連署となっていた時村を討ち、その宗方を得宗の貞時が誅殺した政変である。第一報は、六波羅・鎮西のふたつの探題だけでなく、長門にも伝えられたという。時村が殺害されたことによって、周防・長門守護は空位となった。守護を継承したのは、時村の孫の熙時である。熙時はすでに、正安三年（一三〇一）に評定衆に任じられて四番引付頭人となっていた。時仲は、今度は守護となった兄の名代として、そのまま現地に滞在をつづけたようである。

39——北条時仲系図　※為時は弘安九年（一二八六）没　（ ）内は経験した最高位の幕府役職

鎌倉にいる兄の熙時は、徳治二年（一三〇七）に一番引付頭人となる。さらに寄合衆に加えられ、応長元年（一三一二）には連署、正和元年（一三一二）には執権にまでのぼった。彼がここまで昇進をとげたのは、得宗である貞時の娘を妻に迎えたからでもあった。

一方で弟の時仲は、そのまま長門で守護としての職務を果たした。兄の煕時が没する正和四年（一三一五）までには、名代ではなく正式な守護となっていたようである。

時村や煕時が没した機会に、鎌倉から改めて幕府中枢の人物の名代を派遣する計画があったとも推定できる。しかし、それは実現しなかった。

その最大の要因は、時仲の長門での実績が評価されたことにあった。新たに指揮官を送り出すよりも、これまでの実績のとおりに活動することが求められたのである。

また、鎌倉には時仲の帰る場所もなかった。祖父の時村は殺害され、父の為時はすでに死去していた。母は未詳なので有力者の娘ではなさそうだ。兄の煕時の母も未詳だが、その出世ぶりからすると、兄弟は別の母から生まれたのかもしれない。煕時の親族が歓迎してくれるとは限らない。煕時が没した頃には、煕時の子で時仲の甥にあたる茂時《もちとき》が一〇代の年齢となっていたから、一族に後継者がいないわけではない。実際に茂時はのちに連署となっている。時仲には、鎌倉に戻らない理由の方が多かったのである。

周防・長門守護を長くつとめた人物が、鎌倉で活躍した例は少ない。六波羅探題の経験者は鎌倉に戻っても一定の昇進ルートがあったが、周防・長門守護や鎮西探題はそうではなかった。彼らのほとんどは鎌倉での昇進ルートをはずれて、現地に骨をうずめるほかなかった。

元応元年（一三一九）を最後に、時仲の活動はみられなくなる。鎌倉に戻ることなくそのまま長門で没したようである。彼もまた、西国に骨をうずめた北条氏一族であった。

永仁六年（一二九八）に一〇代後半の年齢で故郷を離れてから、長門滞在は二〇年を数える。兄の熙時やその息子の茂時が、鎌倉で執権や連署にまでのぼりつめたのとは対照的な人生であった。

探題の成立と滅亡を見た時直

元亨三年（一三二三）頃までには、金沢時直が周防・長門守護となっていた。彼はそれまで鎮西探題の一番引付頭人で、大隅の守護でもあった。

時直の兄は金沢実政である。豊前の守護となった父実時の名代として現地に赴任した人物であった。彼は建治元年（一二七五）末に鎮西にむかっている。時直の年齢は未詳だが、兄の実政はこの時に二七歳。弟の時直はこれより年少である。

鎮西で時直は、永仁三年（一二九五）頃までには大隅守護となっている。遅くともこの頃までには、鎮西に居住していたようである。おそらく実政とともに、建治元年に赴いていたのであろう。

永仁七年（一二九九）。鎮西探題に引付が置かれた。この時に時直は、一番引付頭人となっている。実政の子の政顕が探題となっても、その立場は変わらなかった。文保元年（一三一七）に阿蘇随時が探題に就任しても、そのまま一番引付頭人の地位にとどまっている。

元亨元年（一三二一）に赤橋英時が探題となった。おそらくこの頃に、時直は周防・長門守護に転出したようである。後任の探題一番引付頭人と大隅守護には、桜田師頼《さくらだもろより》が就任した。時直は師頼への引き継ぎをしてから、長門へむかったことであろう。兄実政とともに鎮西にむかってから、すでに四六年が経っていた。

鎌倉幕府が滅亡するまで、時直は周防・長門守護でありつづけた。その後の活動は明確ではないが、『博多日記』や『太平記』などにその名前が見られる。

『博多日記』とは、幕府滅亡からそれほど経たない時期に、僧侶の良覚《りょうかく》が記した見聞記である。博多に滞在した良覚は、幕府滅亡の前後におきたできごとについていろいろと風聞を耳にした。その内容を日記風に書き記したのが『博多日記』である。前半部分にあたる『楠木合戦注文《くすのきかっせんちゅうもん》』とあわせて、『正慶乱離志《しょうきょうらんりし》』ともいう。『太平記』とは、南北朝時代に書かれた軍記物語である。

『博多日記』と『太平記』はいずれもその成立が不明確なため、書かれた内容のすべてを鵜呑みにすることはできない。それをふまえた上で、この二つの史料にみえる時直の活動をたどってみよう。

正慶《しょうきょう》二年（一三三三）三月。伊予の土居《どい》氏や得能《とくのう》氏らが倒幕の兵を挙げると、時直は彼らを討つために長門から伊予へ出陣した。しかし、瀬戸内海を渡って上陸を試みるも反撃にあって失敗。その後の戦いでも敗退する。時直はかろうじて長門へ戻った。

逆襲を恐れた時直は、長門の守護の館にいた女性たちを鎮西探題へと逃れさせた。その後、石見からの軍勢に館を攻撃されたが、なんとかこれを撃退している。この時に鎮西探題からは、桜田師頼が援軍として長門へむかったという。師頼は、時直の後任として一番引付頭人と大隅守護を引き継いだ人物であった。

同年五月頃。長門にいた時直は、六波羅探題が攻撃にさらされていることを聞く。加勢のために、大船百艘あまりを連ねて京都にむかおうとした。しかし、周防を出る前に六波羅探題の滅亡を耳にする。京都をあきらめ、鎮西探題とともに戦うことを決めた時直は、九州へむかう。しかし、関門海峡をはさんで九州をのぞむ赤間関《あかまがせき》（山口県下関市）まで来て、今度は鎮西探題の滅亡を知る。

軍勢はちりぢりになり、時直は降伏を決心した。鎮西探題を滅ぼした少弐氏や島津氏に使者を送ってその旨を伝えている。彼らは、かつてともに鎮西探題につとめた同僚であった。命は助けられたが、その年のうちに病死したという。

建治元年（一二七五）に鎮西に赴いてから、すでに五八年が過ぎていた。鎮西探題の最初の引付頭人になってからでも、もう三四年が経っている。彼は鎮西探題の成立と滅亡との両方を経験した人物となった。

建武二年（一三三五）。長門で建武政権に対して反乱の兵を挙げた北条上野《こうずけし》四郎《ろう》は、時直の子といわれている。

40――金沢時直・高政・貞義系図

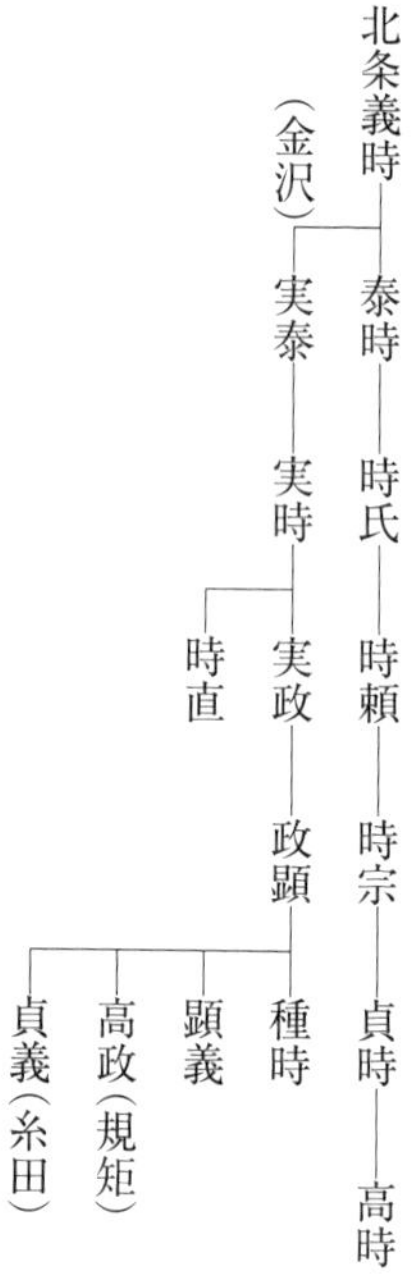

九州で生まれ育った高政・貞義兄弟

長門での上野四郎の挙兵の前年。北九州でも北条氏の残党による反乱が起きていた。挙兵したのは、規矩《きく》高政《たかまさ》と糸田《いとだ》貞義《さだよし》の兄弟であった。

彼らの父は、かつての鎮西探題であった金沢政顕である。政顕の没後は、息子の種時が一時的に代理をつとめたのち、阿蘇随時が正式な探題に就任した。種時は間もなく没したらしい。政顕の子らは探題となる道を失う。しかし、彼らはそのまま鎮西にとどまった。

規矩高政は、嘉暦《かりやく》二年（一三二七）頃には肥後の守護となっていた。規矩の名は豊前国規矩郡（福岡県北九州市）に由来する。金沢実政以来、規矩郡には金沢氏の所領があった。高政はここを継承していたらしい。

規矩郡のある豊前国の守護は、元応《げんおう》元年（一三一九）頃まで金沢顕義《あきよし》が在職していた。彼の没後、弟の貞義がそれを継承している。糸田の名は豊前国糸田荘《いとだのしょう》（福岡県田川郡糸田町）にちなむ。糸田貞義はここを所領としていたようである。

こうして高政・貞義の兄弟は、豊前に所領を維持しつつ九州に守護職をたもって、鎮西における金沢氏の一翼を担う存在となった。

正慶二年（一三三三）三月。いわゆる菊池合戦がおこる。肥後の御家人の菊池《きくち》武時《たけとき》が鎮西探題を攻撃するも敗退し、討ち取られた合戦である。阿蘇の大宮司である阿蘇《あそ》惟直《これなお》も、菊池武時と行動をともにしていた。

糸田貞義は、菊池合戦の折に探題方として駆けつけたようである。規矩高政は、合戦ののちに肥後の御家人を率いて、菊池・阿蘇の残党を討っている。兄弟は、二人とも探題の中心的な勢力であった。

同年五月。九州の武士たちの攻撃をうけて、鎮西探題が滅亡する。兄弟はひそかに戦火を逃れて再起を図った。

建武元年（一三三四）正月。高政と貞義が北九州で挙兵する。建武政権の命をうけた追討軍は、少弐氏や大友氏のもとで編成された。

同年三月。貞義が敗れて討ち死にする。七月には高政も討たれた。鎮西探題の中心的な勢力として蒙古襲来の恐怖と戦いつづけたあげく、ついには九州の武士たちと戦った最期であった。

鎮西生まれの大将軍、治時

高政・貞義兄弟の父は、金沢政顕である。かつて、彼の後に正式な鎮西探題となったのは、阿蘇随時であった。

元亨元年（一三二一）。探題在任のまま、随時が没する。

まだ四歳であった随時の子の治時は、鎌倉に帰ったようである。帰るといっても、彼にとっては初めての鎌倉であった。西国におもむいた北条氏のうちで鎌倉を知らない三代目は、探題のような強い権限をもつ立場につくことを認められた例はない。かつて父の随時は、正和四年(一三一五)から一年だけ鎌倉に戻って二番引付頭人を経験していた。その先例もあって、鎌倉に戻されたのであろう。

鎌倉で治時は、得宗である北条高時の猶子となっている。九州から鎌倉に移された治時には身寄りがなかった。得宗の猶子となってその名代として活動することが、彼に期待されたようである。

その機会は、意外に早く訪れた。

正慶元年(一三三二)九月。京都周辺で反幕府勢力が蜂起したため、鎌倉から軍勢を派遣することになった。『楠木合戦注文』や『太平記』などによれば、治時は河内方面の大将軍として、六波羅へむかったようである。この頃ようやく一五歳。軍奉行として、長崎高貞《ながさきたかさだ》が付けられていた。高貞は当時、幕府の侍所所司だったともいう。

翌年の正月。治時は、反幕府勢力のこもる赤坂城《あかさかじょう》攻撃の大将となった。苦戦を強いられるものの、城中の水を絶って敵方を降伏させている。城兵は六波羅に送られたのちに処刑されたという。

正慶二年(一三三三)五月。千早城《ちはやじょう》を包囲していた治時や高貞は、六波羅探題の陥落を知る。彼らは般若寺《はんにゃじ》で出家して降伏した。のちに京都の阿弥陀峰《あみだみね》で処刑されている。

治時の父の随時はかつての鎮西探題であった。探題は本来、軍事指揮官である。その主な役割は、異国警固や悪党鎮圧であった。反幕府勢力の鎮圧もこれに含まれる。

父の随時は、鎮西から鎌倉に移って一年だけ幕府の二番引付頭人をつとめた。その後、再び鎮西へ向かって探題となっている。一方で治時は、鎮西から鎌倉に移って一一年滞在し、その間に得宗の猶子となった。その後、改めて西国へむかう軍勢の大将軍となっている。彼には、父と同じような役割が与えられたのである。

西国にむかう軍勢を率いるのに、かつての鎮西探題の息子という血筋は大いに利用されたことであろう。鎮西の地名である阿蘇を名のりつづけたことにも、意味があったはずだ。

くりかえし述べてきたように、軍事指揮官は鎌倉から派遣する必要があった。そしてそれは、幕府中枢の人物の名代クラスでなければならなかった。だからこそ治時は、得宗である高時の猶子とされたのである。

かつての鎮西探題の子息であり、得宗の猶子でもある治時は、西国にむかう軍勢の大将軍にふさわしい人物であった。しかし、それは単なる名目の問題に過ぎない。鎮西に生まれて四歳で父を亡くし、鎌倉という見知らぬ土地にやってきた治時には、いささか重い役割だったかもしれない。

Ⅳ　敗者、北条氏

41──白描武人像

覚園寺の本尊の薬師如来坐像の胎内に納入されていた武人像．覚園寺を創建した北条貞時を描いている可能性も指摘されている．

1　あるべき姿をもとめて

平頼綱の登場

弘安《こうあん》八年（一二八五）十一月。いわゆる霜月騒動《しもつきそうどう》で安達泰盛《あだちやすもり》が滅ぶ。泰盛は、すでに述べたように弘安徳政を主導した人物であった。ここでは霜月騒動以後の鎌倉幕府政治史を、北条氏の動向を中心にたどっていこう。

泰盛にかわって政権の運営にあたったのは、平頼綱《たいらのよりつな》である。その権勢は、日蓮によって安達泰盛と並び称されるほどのものであった。彼は得宗家の執事をつとめており、いわゆる御内人《みうちびと》の頂点に位置していた。永仁《えいにん》元年（一二九三）四月に平禅門《へいぜんもん》の乱で滅亡するまで、幕府を主導する立場にあったようである。

頼綱はまず、安達泰盛の弘安徳政を否定する政策を打ち出した。弘安徳政の中心的な法令は、鎮西における名主職安堵令と神領興行法であった。

弘安九年（一二八六）七月。頼綱は博多に鎮西談義所《ちんぜいだんぎしょ》を設置する。ここでは、弘安徳政の際に鎮西に派遣された御使の下知はすべて無効とされた。名主職安堵令や神領興行法は反故《ほご》にされたのである。

特に前者が廃されたことによって、鎮西における名主職保持者（本所一円地住人＝非御家人）が御家人となる道は閉ざされた。しかし彼らは、幕府によって軍事動員される対象ではありつづけた。なお、後者の神領興行法はこの時にいったん廃されるものの、以後もおなじような内容の法令が発せられている。

弘安徳政は、幕府を全国統治権力にまで高める試みであった。そのために、名主職安堵令によって御家人でない武士も御家人と認めようとした。しかし、この試みは否定されたのである。御家人層を拡大するのではなく、現状を維持したまま非御家人を異国警固などに動員する道を、頼綱は選んだ。本所などと折り合いをつけながらも軍事動員をおこなわなければならない幕府にとっては、現実的な判断であった。

弘安徳政は、幕府の地位の上昇を目指していた。それに対して頼綱の政策は、これまでの幕府の地位を確保し、現実的な対応をとることを目指したのである。示した政策は異なっていたが、安達泰盛も平頼綱も幕府の本来あるべき姿を求めていた。泰盛の政策を否定した頼綱は、自分の政策こそが徳政だと思っていたことであろう。

御内人と天皇

将軍のあり方についても、平頼綱は安達泰盛の発想を否定した。文永《ぶんえい》七年（一二七〇）以来、将軍の惟康《これやす》は源氏をなのっていた。この頃の幕府中枢は、源氏将軍が本来のあるべき姿だと考えていたようだ。安達泰盛は、その延長線上に全国政権としての幕府を描いていた。源氏将軍は全国政権を目指す象徴ともなっていたのである。

しかし頼綱は、全国政権としての幕府を求めていなかった。彼にとっては将軍が源氏である必要はない。むしろ天皇の一族である親王が将軍となった方が、幕府と朝廷との関係が明確となる。

弘安十年（一二八七）十月。頼綱は源惟康を親王とすることを朝廷に要請する。さらに、大覚寺統《だいかくじとう》の亀山上皇にかわって持明院統《じみょういんとう》の後深草上皇《ごふかくさじょうこう》が院政を開始し、後深草の子（のちの伏見《ふしみ》天皇）を天皇とすることも求めた。ほどなくこれらの要求は受け入れられる。頼綱の主導する幕府は、皇位を意のままにできる立場にあったことになる。二年後には、後深草の子の久明《ひさあきら》親王が将軍となって鎌倉に迎えられた。

一方で頼綱は、二男の飯沼資宗《いいぬますけむね》の朝廷官職を上昇させることにも意を注いだ。得宗の被官が得宗よりも上位の官職につくわけにはいかないので、得宗の北条貞時の官職も上昇させている。その背景には頼綱の政治的な基盤の弱さがあった。

頼綱は寄合に参加できる立場ではあったものの、引付衆や評定衆ではなかった。一族をそこに送り込むこともできていない。御内人に引付を監察させることはしていたが、それまでの幕府制度を改変して新たなしくみを生み出すまでにはいたっていない。安達泰盛と同じように平頼綱も、自分の立場を示す役職や肩書きを新たに誕生させることはできなかったのである。

幕府に制度的な権力の基盤をもたない頼綱は、二男の朝廷官職を上昇させることによって自分の立場を正当化し、幕府内の地位を高めようとしたようである。

頼綱の目指したものは、安達泰盛とは異なっていた。泰盛は幕府を全国政権にしようという理想を具体的に実現することを目指した。一方で頼綱は、実態として幕府は皇位さえも左右できる存在であったものの、形式的には幕府が朝廷のもとにある存在だという建前を崩さず、かえって朝廷の官職の序列を自分の優位となるよう利用したのである。

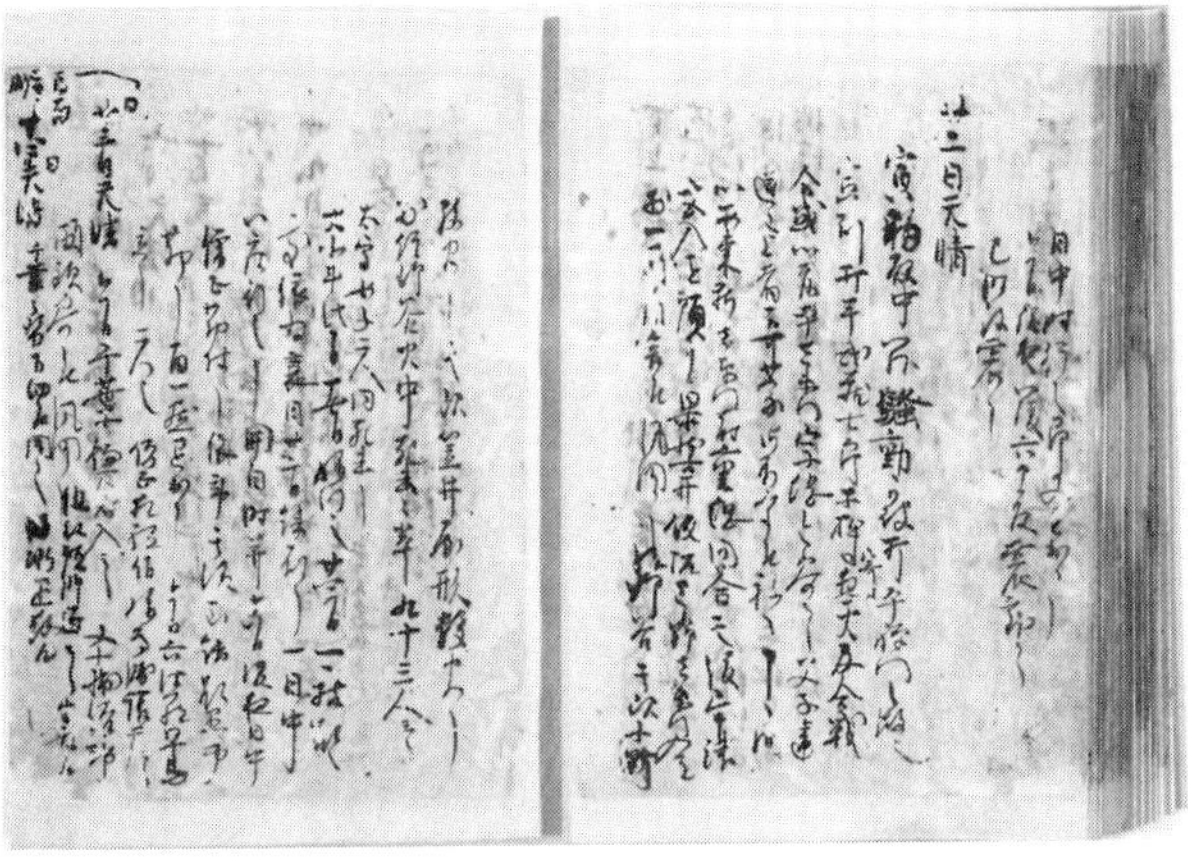

42―親玄僧正日記
永仁元年〈正応6年〉(1293) 4月22日条では，平頼綱が滅亡した平禅門の乱の経緯が書かれている．左側2行目には「経師谷火中死去之輩九十三人」とある

永仁元年〈正応六年〉（一二九三）四月十二日。関東を大地震がおそった。鎌倉にいた親玄《しんげん》という僧侶の日記によれば、建長寺《けんちょうじ》をはじめとした鎌倉の大寺院が倒壊あるいは炎上するなど、その被害は大きかったようである。

同月二十二日。地震後の混乱が収まらないうちに、平頼綱が自害に追い込まれる事件が起きた。のちに平禅門の乱とよばれる政変である。頼綱に討手をさしむけたのは、執権で得宗の北条貞時であった。彼は二三歳に成長していた。頼綱が二男の資宗を将軍に立てようとしている、との密告があったからともいわれている。真偽のほどは定かではないが、頼綱のやり方もまた、否定されたのである。

北条貞時の理想と現実

平頼綱が安達泰盛の政策を否定したように、今度は北条貞時が平頼綱の政策を否定した。霜月騒動以後の賞罰はすべて無効とされ、その際に失脚した人々も復権している。たとえば泰盛に連座して下総に配流されていた金沢顕時《かねさわあきとき》は、鎌倉に呼びもどされて幕府の重職についた。問注所の執事を罷免されていた太田時連《おおたときつら》も、その立場に復帰している。貞時は平頼綱政権を否定し、安達泰盛以前の状態に戻すことを目指したのである。

訴訟にかかわる引付や越訴といった制度にも、改革の目が向けられた。

永仁元年（一二九三）十月。裁判の基本的な手続きをおこなう引付が廃止される。引付にかわって執奏《しっそう》が設置された。執奏とは、判決に必要な参考資料を提出して、執権に意見を提示する立場である。執奏には直前までの引付頭人をふくむ七人が任命された。

それまでの引付は、判決原案を評定に提示する職務を担っていた。執奏の設置は、直接に執権である貞時が判断を下して、速やかに判決を示すことを目指したものである。訴訟の速やかな処理は、徳政の一環であった。一方で、引付の廃止は貞時による裁判の独占も意味していた。

かつて引付を停止したことがあるのは、貞時の父の北条時宗である。時宗は文永三年（一二六六）に引付を停止している。この時には、重要なことは時宗が直接判断して、些少なことは問注所で扱うことが決められた。このことに象徴されるように、貞時は父時宗の頃の体制に回帰する方針だったようである。

時宗の場合には三年で引付が復活した。貞時の場合には、約一年で引付が復活している。重要な案件は貞時が直接判断するという条件が示された以外は、おおむねもとの状態に戻された。貞時による裁判の独占は、必ずしも幕府を構成する人々が一致して求めたものではなかったようである。奇しくも貞時は、手本とした時宗と同じように、引付を復活せざるを得なくなったのである。

貞時は越訴《おつそ》のしくみにも手を加えようとした。越訴とは、一度確定した判決に対して再審請求をすることである。それまで幕府は、越訴方を設置して再審の要求に応えていた。しかし貞時は、この越訴を廃止したいと考えていたらしい。越訴をなくせば、訴訟全体の数を減らすことができると考えてのことであろう。

43―金沢顕時

越訴をめぐる制度は、この時期に改廃を繰り返している。永仁元年（一二九三）に越訴を担当する越訴頭人が任命されるものの、翌永仁二年（一二九四）には越訴が禁止された。しかし同年十二月には禁止が解除される。永仁五年（一二九七）三月のいわゆる永仁の徳政令によって再び越訴は廃止されるが、翌年二月には復活。正安《しようあん》二年（一三〇〇）十月には、越訴方が廃止されて得宗被官が越訴管領に任じられる。この時は越訴を得宗に一元化しようとしたらしい。しかし、翌正安三年（一三〇一）八月には越訴管領が廃止され、越訴頭人が復活する。結局もとの状態にもどったのである。

最終的に貞時は、引付や越訴を廃止することも、それを得宗に一元化することもできなかった。得宗による専制体制といわれる時期にあっても、得宗の意志を貫徹することはできなかったのである。その原因として、幕府内にさまざまな抵抗勢力のあったことが想定されている。しかしその実態は、研究者の間でも見解が一定ではない。北条氏庶家（得宗以外の北条氏）、あるいは御家人勢力が、貞時の独断に抵抗したともいわれている。

いずれにしても、幕府の運営について得宗が独断を走らせることはできなかった。得宗である貞時のめざしたあるべき姿がいかに崇高なものであったとしても、それが幕府を構成する人々の求めるものと異なっていれば、それを現実のものにすることは容易ではなかったのである。

北条師時と宗方の重用

得宗の貞時は、従弟《いとこ》の北条師時《もろとき》と宗方《むねかた》を重用した。この二人に兼時《かねとき》も含めた三人は、貞時の父である時宗の猶子となっている。猶子とは、他人を自分の子として迎えることである。養子とは違って相続を前提としていないともいわれる。貞時には兄弟がいなかったので、時宗の猶子として彼らを迎えることで実質的に貞時の兄弟をつくりだし、得宗の周囲を固める狙いがあったようである。

すでにふれたように、兼時は長門・播磨・六波羅・鎌倉・鎮西・鎌倉と、各地を転々とした人物であった。その一方で師時と宗方は、幕府中枢で順調すぎる昇進を遂げている。まずはその経緯をみてみよう。

師時は建治《けんじ》元年（一二七五）の生まれで、六歳のときに父を亡くした。幼い師時を庇護する目的もあって、時宗の猶子とされたのであろう。早くも一〇歳の時には小侍所別当となっている。これは義父の時宗も経験した役職であった。師時に対する期待のわかる人事である。

永仁元年（一二九三）に平禅門の乱で平頼綱が滅ぼされると、師時はその年のうちに評定衆となり、三番引付頭人に任じられた。貞時が新たに設置した執奏にも登用されている。引付が復活した三年後には二番引付頭人となった。その後、出家した貞時にかわって執権に就任している。のちに評定の座で倒れ、応長《おうちょう》元年（一三一一）に没した。

44―北条師時・宗方系図

＝は婚姻　‥‥は猶子関係

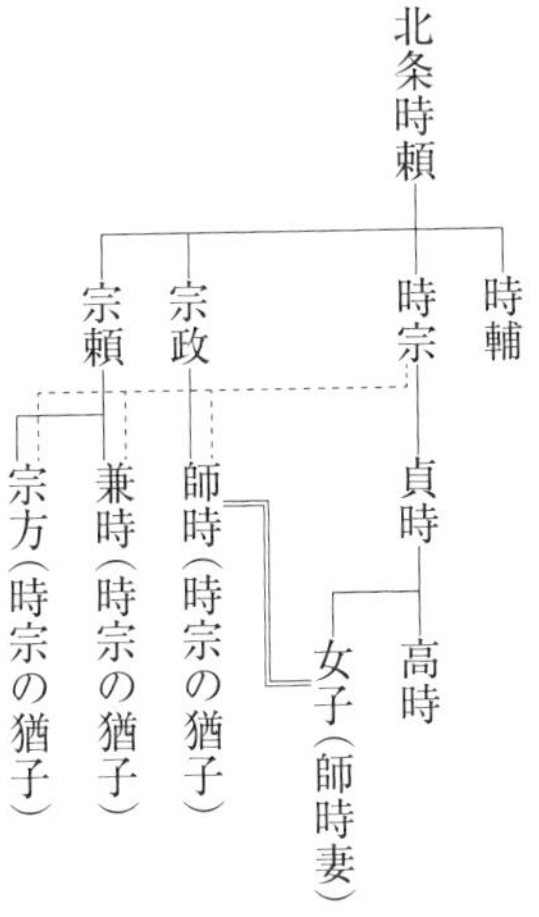

一方で宗方は、弘安元年（一二七八）の生まれである。父宗頼《むねより》が周防・長門守護として現地におもむいていた頃、長門で生まれたらしい。しかし翌年には父が没してしまう。一六歳の兄兼時が、そのまま長門に残って父の守護職を継承した。生まれたばかりの宗方は、鎌倉に移されて時宗の猶子となったようである。

二〇歳となった宗方は、六波羅探題北方に就任する。正安二年（一三〇〇）に鎌倉にもどるとその年のうちに評定衆となり、翌年には四番引付頭人となった。また同年のうちに越訴頭人に就任している。嘉元《かげん》二年（一三〇四）には引付頭人を辞して、得宗家執事・侍所所司となった。

師時と宗方の昇進は、それまでの先例を越える早いものであった。彼らはともに寄合にも参加している。二人を政権中枢に登用することで、得宗の強力な補佐役にしようと貞時は考えていたようである。

すでにのべたように、貞時の独断ですべてを進めることができたわけではなかった。引付の廃止と執奏の設置という政策は約一年でもとに戻されており、越訴にかかわるしくみも二転三転して定まらず、貞時の意のままにはなっていない。

その背景には、先述したように抵抗勢力の存在があった。これらに対抗するために貞時は、義理の弟である師時と宗方を登用して、得宗の周囲を固めることを目指したのである。この対抗関係は嘉元の乱で解消される。討たれたのは、貞時の重用した宗方であった。

嘉元の乱

嘉元三年（一三〇五）四月。いわゆる嘉元の乱が起こる。嘉元の乱とは、貞時の命令を受けたとされる北条宗方の手勢が、連署の北条時村《ときむら》を襲撃して殺害し、さらにその宗方が貞時の命令で誅殺された、という事件である。事件の経過は次のようであった。

四月二十三日。連署であった時村の住む葛西谷《かさいがやつ》の邸宅が襲撃された。襲撃した軍勢は、得宗の貞時の命令を受けての行動と自称していた。時村は彼らに殺害されてしまう。しかし五月二日には、そのような命令はなかったことが判明する。時村を襲撃した人々は処刑された。

五月四日。事態に対応するために、執権の北条師時の邸宅で評定がおこなわれた。もちろん得宗の貞時も参加している。この時点で、宗方が時村襲撃の首謀者とうわさされていたらしい。宗方は手勢を連れて評定の場に向かった。得宗の貞時は、宗方に対して自邸へもどるよう命じる。ところが、この命令を伝えるために送られた佐々木時清《ときぎよ》がそのまま宗方と合戦となってしまう。時清と宗方はいずれも討死にした。さらに二《に》階堂《かいどう》大路《おおじ》薬師堂谷《やくしどうがやつ》口《くち》にあった宗方の邸宅には討手が派遣され、その勢力は一掃されている。

45── 二階堂大路薬師堂谷口の推定地

写真の左奥から右手前につづくのが二階堂大路．右手に伸びるのが薬師堂谷へとつづく道．北条宗方の邸宅はこの周辺にあったと推定される

嘉元の乱の経緯は、文永九年（一二七二）の二月騒動に似ている。この時には、北条氏一族で一番引付頭人の任にあった名越時章《なごえときあき》が襲撃されて自害した。しかしのちにその命令は誤りとされ、実行犯となった人々は斬首されている。嘉元の乱でも、時村の殺害は誤りとされた。しかし今回は、実行犯を処刑するだけでは収まらなかったのであろう。そのために、実行犯に襲撃を命じた宗方

が殺害されたようである。

誤って殺害された時村は、幕府の重要人物であった。彼のこれまでの経歴をみてみよう。時村は文永六年（一二六九）に二八歳で引付衆に任じられると、翌年には評定衆となっている。さらに翌年には三〇歳で陸奥守となった。陸奥守は、幕府草創以来の有力者や北条氏の長老格しか就任していない役職である。二年後には二番引付頭人にまで昇進した。

建治三年（一二七七）十二月には六波羅探題北方となり、執権探題として六波羅を主導する立場となった。蒙古襲来への危機感などもあって、この時期には六波羅探題の機構整備が進められていた。時村はこれまでの経験を買われて六波羅探題となったようである。探題在任中には武蔵守に就任する。この役職は、幕府内の有力な北条氏が任じられるのが先例となっていた。幕府内の信頼を得た時村は、弘安十年（一二八七）八月に鎌倉に戻って一番引付頭人となった。そして正安三年（一三〇一）。六〇歳にしてついに連署となる。

すでに述べたように、幕府内には貞時の政策に抵抗した勢力の存在が想定される。引付や越訴を廃して得宗に一元化しようとする貞時に対して、従来の引付や評定を重視しようとする勢力があったとしてもおかしくはない。時村の経歴はその代表者にふさわしい。

一方で時村を襲撃した宗方は、幼い頃に得宗の猶子となったことでその地位を高めてきた人物である。宗方が時村を得宗の抵抗勢力とみなし、得宗の命令を拡大解釈して暴走したあげくに時村を殺害したのではないか。あるいは本当に得宗の命令があったのかもしれない。これらの可能性をふまえると、嘉元の乱の直接的な原因は、得宗の立場をめぐる時村と宗方との対立に求めることもできる。

鎌倉時代前半の得宗は、政変などをきっかけにして幕府内に一定の立場を確保していった。その立場は、彼らが実力で手に入れて周囲に認めさせたものである。それを制度化したものが、執権・連署・評定・引付・寄合などであった。いわば得宗個人の力量によって、幕府の役職が創設されていたのである。

しかし、二月騒動以後は新たな役職を生み出すことができていない。一時的に引付が停止されて執奏が設置されることはあったものの、それを制度として継続することは難しかった。

一方でそれまでの制度である評定や引付は、幕府滅亡までその命脈を保った。貞時の頃になると、むしろ既存の制度が得宗の立場を牽制する一面も出てくる。かつて得宗の力量によって作り出された役職が、得宗の動きを縛ることになったのである。得宗の限界を知った貞時は、以後は目立った政治的な動きを見せなくなる。

長崎高綱と安達時顕

北条貞時は寄合にも出席しなくなったという。しかし、幕府の政治はそれでも機能していた。得宗の被官である御内人が、実質的に幕府を動かしていたようである。九歳とまだ幼い嫡子の高時を残して病に伏した貞時は、臨終に際して御内人の長崎高綱《たかつな》と安達時顕《ときあき》に後を託したという。

得宗家執事となっていた長崎高綱はすでに出家しており、法名を円喜といった。長崎氏は平禅門の乱で滅亡した平頼綱の一族である。一方で安達時顕は、のちに娘を高時に嫁がせて得宗の外戚《がいせき》（母方の祖父）となっている。時顕は霜月騒動で滅亡した安達泰盛の一族であった。安達氏が代々継承してきた秋田城介にもなっている。貞時に後を託されたという二人は、ともにかつて滅亡した一族の子孫だったのである。

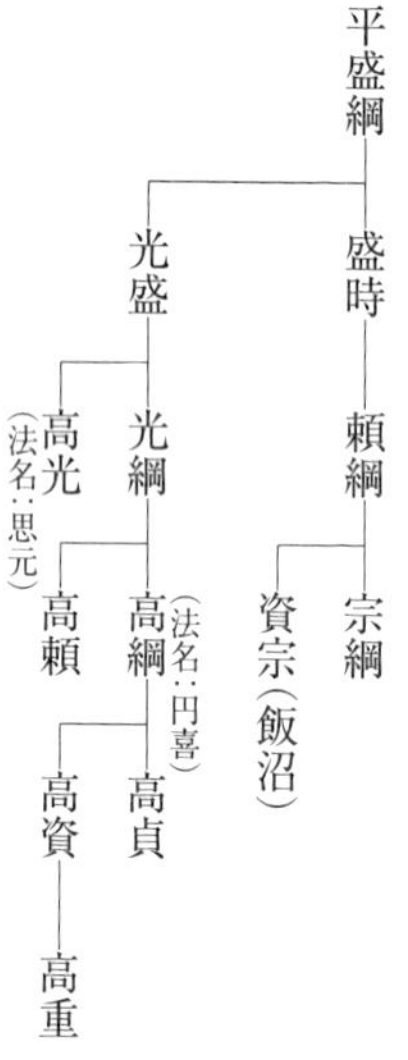

46―平氏（長崎氏）略系図

貞時没後の鎌倉幕府では、形式こそが実質であったといわれる（細川二〇〇〇）。貞時の子の高時は七歳で元服し、一四歳で執権となって、一五歳で相模守となった。これは祖父時宗・父貞時とほぼ同じ昇進歴である。得宗としての実質や能力よりも、これまでの先例が重視されていたのである。特に先例とされたのは、時宗の経歴であった。

その時宗の頃に、得宗家執事と侍所所司とを兼任していたのは平頼綱である。時宗の外戚は安達泰盛であった。この体制が先例とされて、平頼綱の一族で得宗家執事の長崎高綱と、安達泰盛の一族で得宗の外戚の安達時顕とが、それぞれ復権したようである。

かつて時宗没後に対立した二つの勢力は、貞時没後にはともに得宗高時を支える存在となった。得宗とそれをめぐる勢力が、霜月騒動・平禅門の乱・嘉元の乱などを経てここで一体となったのである。

このような先例重視のやり方は、現代人には形式的に過ぎるようにも見える。しかし当時は、鎌倉幕府の最盛期であった時宗の頃のやり方を踏襲することこそが、幕府を維持・向上させる方法であった。

過去の一時期を理想化してそれをまねようとするのは、いつの時代にもみられる発想である。安達泰盛が源氏将軍を復活させたのも、先例主義のひとつであった。後醍醐《ごだいご》天皇が天皇親《てんのうしん》政《せい》の理想を醍醐・村上天皇に求め、江戸時代末期の武士たちが尊皇攘夷《そんのうじょうい》を唱え、現代の政治家が明治維新を理想化し、現代の企業が業績悪化に際して創業者一族をトップに据えたりするのも、同じような考え方であろう。普通に考えれば、あまり合理的とは思えない発想である。

しかし、結果的に敗者となったためにその先例主義が問題視されるだけで、当事者たちはいたってまじめに幕府の隆盛を考え

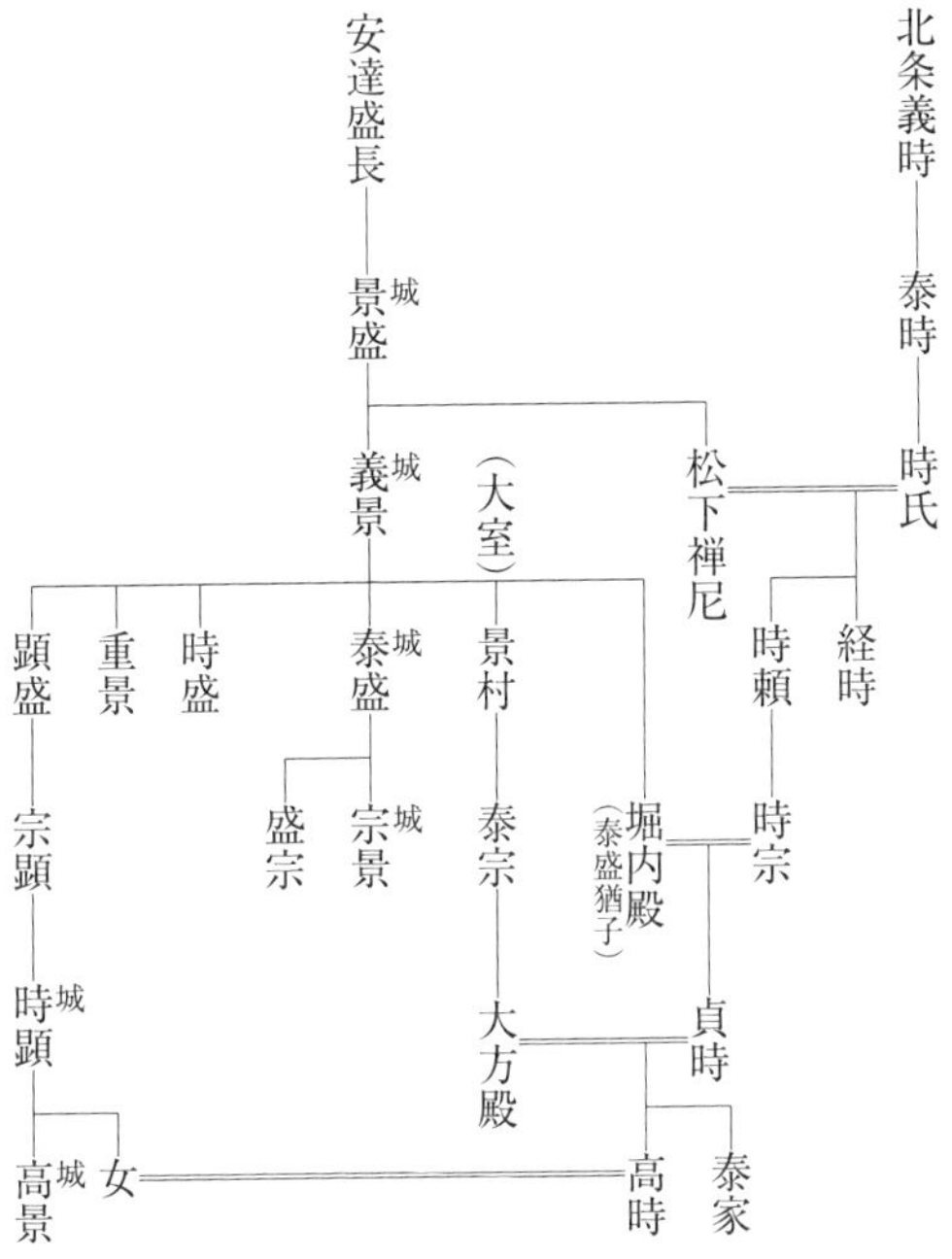

47―安達・得宗系図　「城」は秋田城介となっている人物

ていたのである。彼らにとっては、得宗の北条時宗が執権であり、安達泰盛が得宗の外戚となり、平頼綱が得宗家執事であった文永・弘安の頃こそが、理想とすべき状態であった。

嘉暦の騒動・元徳の騒動

嘉暦《かりやく》元年（一三二六）三月。北条高時が出家して執権を辞任した。それまで連署であった四九歳の金沢貞顕《かねさわさだあき》が後任の執権となる。高時の弟の泰家《やすいえ》は、自分が執権になるものと思っていたらしい。予想外の貞顕就任に泰家とその生母の大方殿《おおかたどの》は腹を立て、泰家は出家してしまう。

これを知って貞顕はあわてた。報復をおそれた貞顕は、就任して一ヵ月もしないうちに執権職を辞任する。人事はふりだしにもどされた。四月下旬になってようやく、一番引付頭人であった赤橋守時《あかはしもりとき》が執権となった。連署には越訴頭人だった大仏維貞《おさらぎこれさだ》が就任している。この一連のできごとは、嘉暦の騒動とよばれる。

得宗の存命中に、得宗の弟が執権となった例はない。得宗の弟の泰家が執権となるのには、先例がなかったのである。また、得宗の弟が執権となれば、退任後には得宗に準じる扱いとなってしまう。それは得宗家を分裂させかねない。幕府のあるべき姿を考えた時、先例にない泰家の執権就任は認めることができなかったのである。

元徳《げんとく》三年（一三三一）秋。二九歳となっていた高時は、長崎高資《たかすけ》の討伐を計画したという。高資は高綱の子で、この頃までには父の譲りをえて得宗家執事となっていた。計画が発覚すると、身の危険を感じた高時は何も知らないとしらを切った。おそらく高時の命令をうけていたであろう長崎高頼《たかより》らは、謀反を企てたとして処罰されている。この一連のできごとは、元徳の騒動とよばれている。

事件の詳細は不明だが、もはや得宗の意志が幕府政治に反映されないのは明らかであった。一般的に鎌倉時代後半の幕府政治は得宗専制といわれるが、得宗個人の独断が認められる余地は決して多くはなかった。高資という得宗家執事を排除することさえも、得宗にとっては困難なことになっていたのである。

ふり返ってみると、安達泰盛のような得宗の外戚という立場は、霜月騒動で敗れている。平頼綱に代表される得宗家執事の立場も、平禅門の乱で敗北を喫した。北条宗方に代表される得宗の近親者の立場もまた、嘉元の乱で討たれている。この時には、北条氏庶家で連署までつとめた北条時村も殺害された。嘉暦の騒動では、北条氏庶家の代表格である金沢貞顕が一ヵ月で執権辞任に追い込まれている。北条高時のような得宗の立場も、元徳の騒動では事前に動きを封じられた。幕府を構成するいくつかの勢力は、いずれも一度は敗者となっていたのである。

48―南山士雲
南山士雲は北条高時と親交のあった僧侶で，この像は北条高時の自筆といわれる

しかしいずれの立場も、幕府を構成する要素としては必要なものであった。それぞれに誇るべき由緒もある。

それぞれがその形式を残しつつ微妙なバランスを保ちながら、幕府が運営されるようになったのである。

2　鎌倉をとりまく変化

鎌倉幕府の成立した当初は、鎌倉に多くの御家人が集まってきていた。しかし、時代とともに状況は変わってくる。

東国御家人の変化

鎌倉にある鶴岡八幡宮の神事は、東国御家人の参加によって運営されていた。神事への参加は、幕府による御家人統制の役割も果たしていたという。特に毎年八月十五・十六日におこなわれる放生会《ほうじょうえ》は幕府をあげての公式行事であり、多くの御家人が動員されている。

これに参加する御家人をみると、年代とともに参加者は固定化・限定化されていることが分かる。鎌倉時代も中頃を過ぎると、鎌倉での儀式に参加するという御家人の役目が特定の御家人に固定され、それ以外の御家人は鎌倉から離脱する傾向にあった。

もちろん、鎌倉で一大事があれば多くの御家人が駆けつける。しかし鎌倉に駆けつけるということは、彼らが普段は鎌倉にいないことを示している。

御家人には本貫地や各地の所領があった。鎌倉も大事だが、それらも維持しなければならない。平安時代以来、京都との結びつきをもつ東国御家人も多かった。御家人たちは、本貫地・各地の所領・鎌倉・京都といった複数の地域に拠点を維持する必要があったのである。

これらを維持するためにとられた方策は、大きく分けてふたつあった。

ひとつは、御家人たちが一族内で分業して各地に滞在するというものである。この場合には、父や兄が本貫地に居住して、弟が鎌倉に滞在する例が多かった。一族が各地に分かれて居住することになるため、居住する場所が遠ければ遠いほど、あるいは世代交代が進めば進むほど、一族内の関係は疎遠になる。こうした状況によって、一族同士が分かれて戦う南北朝の内乱が生み出された可能性もある。また、鎌倉という都市に滞在するのにはそれなりの費用がかかったので、鎌倉在住を担当する一族のなかには、経済的に没落していく者もあった。

もうひとつの方策は、御家人本人やその一族が本貫地や所領に居住して、鎌倉には代官だけを置くというものである。この場合には、御家人本人が参加する必要のある儀式があれば鎌倉にやってくるが、それ以外は鎌倉を不在にする。そのため、御家人と鎌倉との関係は薄くなっていくことになる。鎌倉に一族を滞在させつづけることができないような、規模の小さい御家人ほどこうした傾向にあった。鎌倉は武士の都には違いないが、すべての御家人が鎌倉に定住していたわけではないのである。

鎌倉に定住していたのは、幕府を運営する特権的支配層の人々であった。彼らは鎌倉にいる御家人の一族を儀式に動員したり、幕府儀礼に御家人を鎌倉へよびだしたり、鎌倉にいる代官を介して御家人の負担すべき役を賦課したりしていた。鎌倉で経済的に没落した御家人の一族は、生き延びるために特権的支配層の被官となることもあったようだ。いわゆる得宗被官に、御家人の傍流に連なる人物がみられるのはそのためであろう。

こうして特権的支配層の人々は、鎌倉に残った御家人の一族を被官としつつ、鎌倉から離脱する御家人たちを見送りつづけた。幕府中枢の人々が幕府のあるべき姿を求めて衝突を繰り返している一方で、御家人たちの一部は鎌倉から遊離しはじめていた。

守護制度の変化

鎌倉幕府の守護制度は、その成立以来、東国と西国とでは性質が異なっていた。そして東国のなかでも、国によっては「守護」の語が使用されないなど、濃淡のみられる制度であった。しかし鎌倉時代も後半になると、守護制度は東国でも画一的な指向をもちはじめる。

鎌倉時代前半の東国には、「守護」という語が用いられないまま、守護のような職務を果たしている例がみられた。

たとえば上総国の場合、正嘉《しょうか》三年（一二五九）に京都大番役を勤めるよう御家人に命じた関東御教書《かんとうみきょうしょ》では、御家人を催促する立場が「番頭」と表現されている。文永五年（一二六八）には、同じ立場が「頭人」と記されていた。上総で大番役を催促する立場は「番頭」「頭人」などとよばれており、この頃にはまだ守護とはよばれていなかったようである。

しかし嘉暦四年（一三二九）になると、足利貞氏《あしかがさだうじ》が「守護人」として登場する。この頃までには、上総で「守護」という語が使用されるようになっていたのである。

同じような例は上野国にもみられる。上野は弘安八年（一二八五）の霜月騒動まで安達氏が守護のような立場にあった。ただし、その証拠となる史料には、いずれも「守護」とは記されていない。たとえば元暦《げんりやく》元年（一一八四）には安達盛長《もりなが》が「国奉行人」、建暦《けんりやく》二年（一二一二）には盛長の子の景盛《かげもり》が「上野国奉行」と記されている。寛元《かんげん》二年（一二四四）には景盛の孫にあたる泰盛《やすもり》が、京都大番役の「番頭」としてその任務を果たしていた。守護のようなことをしていても、この頃は「守護」とはよばれていないのである。

霜月騒動後に上野での安達氏の立場を継承したのは、得宗であった。正応《しょうおう》五年（一二九二）には、平頼綱が上野の「守護代」として登場している。正慶《しょうきょう》二年（一三三三）には長崎氏が守護代であった。いずれも得宗の代官である。この頃になってようやく、守護のような立場に「守護」の語が使われるようになったのである。

かつて東国の守護は、古代以来の既得権を認められる形で設定されていた。そのため、あえて幕府の守護制度に依拠する必要はなかった。しかし、上総では嘉暦四年（一三二九）、上野では正応五年（一二九二）になって「守護」の語が登場する。幕府の守護という制度が、東国にも当てはめられ始めたのである。

これは単なる用語の問題だけではあるまい。かつての既得権を認められていた場合、幕府の制度に沿わないものでも暗黙の了解として認められた。しかし、幕府制度としての守護が適用されれば、その制度に沿わないものは排除されなければならない。それまでは認められていた例外が認められなくなり、新たな負担が御家人や守護本人にもたらされたこともあっただろう。

幕府が東国に対して、いつから守護制度を画一的に適用しようとしたのかは分からない。しかし、幕府の制度を厳密に運用しようという発想は、源氏将軍を誕生させた安達泰盛の政策とよく似ている。泰盛の主導した弘安徳政では、悪党鎮圧のための使者である四方発遣人《しほうはっけんにん》が全国に派遣された。おそらく東国にも派遣されたはずである。これをきっかけに守護制度の厳密な運用が求められ、東国でも「守護」の語が利用されはじめたのではないだろうか。

常陸国では、幕府成立の頃から八田知家《はったともいえ》の子孫の小田《おだ》氏・宍戸《ししど》氏が守護であった。彼らは当初から「守護」「守護所」とよばれているが、その権限は古代以来の既得権が前提となっていた。文保《ぶんぽう》元年（一三一七）頃までには、北条氏一族の佐介時綱《さすけときつな》が常陸の守護となる。時綱は鹿島社領を押領するなどして、所領の拡大をめざしたようである。

結果的にすべてが時綱の思い通りになったわけではないが、古代以来のしがらみをもたない新たな守護の誕生は、現地で周囲との摩擦を生み出す大きな危険性をもっていた。

一方で西国では、やや様相が異なっている。たとえば長門国では、建治元年（一二七五）に四ヵ所の「異国警固料所」が設定されていた。これは長門守護が異国警固の職務を果たすために用意された所領である。九州に赴いて守護となった北条氏にも、守護管国内の所領があてがわれたらしい。守護が管国内にもつ所領は守護領とよばれた。西国では特に若狭国に多く、土佐国・大隅国・伊勢国などにも守護領がみられる。六波羅探題の職務にともなう所領とおぼしき「六波羅代々料所」もあった。

もちろんこれらの所領は、それぞれの職務を全うするために設定されたものであった。北条氏は膨大な所領を抱えていたといわれるが、そのなかには守護や探題といった幕府役職をきっかけにして獲得したものもあったのである。

両統迭立の原則

文永九年（一二七二）。北条時宗が二月騒動で義兄の時輔《ときすけ》を誅殺した頃、病に伏していた後嵯峨上皇《ごさがじょうこう》が没する。上皇とは、天皇を退位した立場のことである。後嵯峨上皇は息子の後深草・亀山の二人が天皇だった時期に、治天《ちてん》の君《きみ》として院政をおこなっていた。治天の君とは、天皇家の家督として政務を実際に担当する立場のことである。上皇が治天の君として政務にあたることを、院政という。後嵯峨は、治天の君の後継を指名することなく没してしまった。

後継者の候補には、後深草上皇と亀山天皇の名前があがった。それぞれの思惑が入り乱れ、朝廷では次の治天の君を決することができなくなってしまう。判断は幕府にもちこまれた。幕府は後深草・亀山の兄弟の母である大宮院に、後嵯峨の生前の意志を確認する。そのうえで、幕府は弟の亀山天皇

49―両統迭立系図　数字は即位した順序

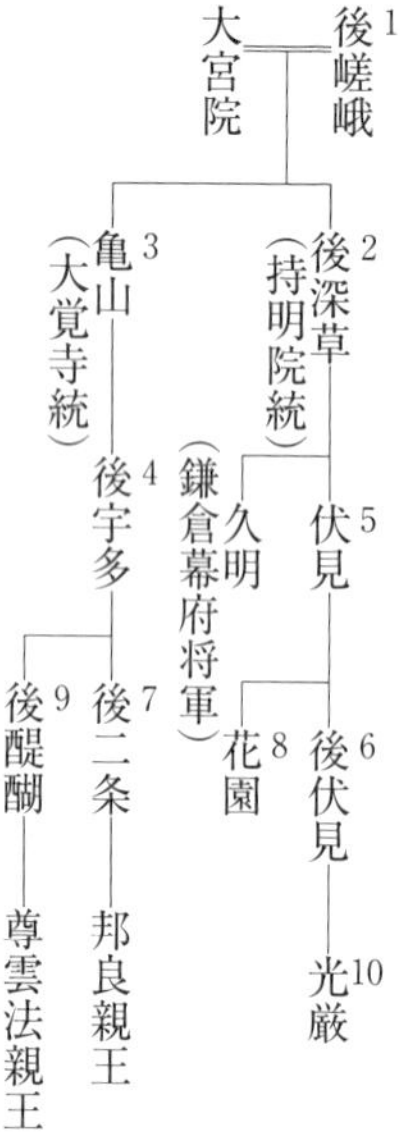

が治天の君となり親政をおこなうことに決めた。親政とは、天皇が直接に政務を担当することである。

亀山天皇は息子に譲位して上皇となり、院政を開始した。譲位されたのは後宇多《ごうた》天皇である。

兄の後深草上皇は、このまま弟の亀山上皇の系統に皇位が継承されることをおそれた。両者の対立をさけようと考えた幕府は、兄後深草上皇の息子を、弟亀山上皇の猶子としたうえで次の天皇とするよう提案した。この案が実現したことによって、両統迭立《りょうとうてつりつ》の素地ができあがる。

両統迭立とは、持明院統と大覚寺統とが交互に皇位につくという原則のことである。一方が皇位につくと、他方から皇太子をたてて次の皇位を約束するような方式であった。後深草の系統を持明院統とよび、亀山の系統を大覚寺統という。亀山上皇の猶子として皇太子となったのは、のちに伏見天皇となる人物である。

弘安十年（一二八七）。鎌倉の平頼綱による介入もあって、後宇多天皇が退位して伏見天皇が即位し、後深草上皇の院政が開始された。皇太子になったのは、持明院統である伏見天皇の子であった。

永仁六年（一二九八）。皇太子が伏見天皇の譲位をうけて後伏見《ごふしみ》天皇となった。皇太子には、今度は大覚寺統の後宇多上皇の息子がたてられた。その皇太子は即位して後二条《ごにじょう》天皇となる。すると、その次の皇太子を誰にするかが問題となった。自力で解決できない朝廷は、再び幕府を頼った。両統迭立の立場にたつ幕府は、持明院統の皇子を皇太子とするよう申し入れて実現させている。

延慶《えんきょう》元年（一三〇八）。大覚寺統の後二条天皇が没すると、持明院統であるこの皇太子が花園《はなぞの》天皇となった。その皇太子には、やはり両統迭立の立場にたつ幕府の支持を得て、大覚寺統の皇子がたてられた。この皇子こそが、のちの後醍醐天皇である。

文保元年（一三一七）。皇太子時代の後醍醐が、持明院統である花園天皇の退位を求めて幕府へと働きかけた。幕府は使者を送って両統迭立を軸とした皇位継承の原則を提案し、両統による協議によって決定するよう促している。しかしこの協議は難航した。結局、花園天皇が退位して後醍醐天皇が即位することになった。これを文保の和談という。

幕府は皇位継承に大きな影響力をもっていた。皇位継承という重要なことがらでさえも、朝廷は自力で解決できなくなっていたのである。ただし、幕府は積極的に介入しようとしたわけではない。持明院統も大覚寺統も、自分が有利になるよう幕府につよく働きかけていたが、そのたびに幕府は、両統のバランスをたもつよう提案をしている。

幕府の提案は影響力が大きく、結局は幕府の提案が朝廷の決定となっていた。もはや朝廷は、幕府なしには皇位を定めることもできなくなっていたのである。

元亨《げんこう》元年（一三二一）。後宇多上皇の院政が停止され、後醍醐天皇の親政が始まる。後醍醐は治天の君の地位を手に入れたのである。後宇多は、いずれ孫の邦良《くによし》に皇位を継がせようと考えていたらしい。後醍醐はそれまでのつなぎであったともいわれる。同じ大覚寺統のなかでも、後醍醐と邦良との間には対立の芽が生まれた。それだけ後醍醐の立場は不安定なものだったのである。

後醍醐天皇の事情

後醍醐は即位した当初から、鎌倉幕府の打倒を考えていたともいわれている。しかし彼にとって重要だったのは、両統迭立という原則を超えてでも自分の皇位を安定させ、自分の子孫へとそれを継承させることであった。

皇位継承には幕府の意向が大きく作用する。後醍醐が皇位を維持して子孫に継承させるには、両統迭立の原則にたつ幕府の存在が、大きなさまたげとなっていた。後醍醐による倒幕計画は、彼のこうした発想に端を発したものである。

元亨四年（一三二四）。後宇多上皇が没したのち、後醍醐は日野資朝《ひのすけとも》・俊基《としもと》らの側近や足助重成《あすけしげなり》らの武士を集め、北野神社の例祭に乗じて六波羅探題を襲撃することを決めた。しかし事前に情報が漏れてしまう。後醍醐方の武士たちが討たれ、資朝・俊基らも捕らえられた。

この年は十二月に正中《しょうちゅう》へと年号が変えられたので、この事件を正中の変とよぶ。当時は「天皇による謀叛」（当今御謀叛《とうきんごむほん》）などとも評されている。後醍醐は幕府に対して、すべて陰謀の輩のやったこと

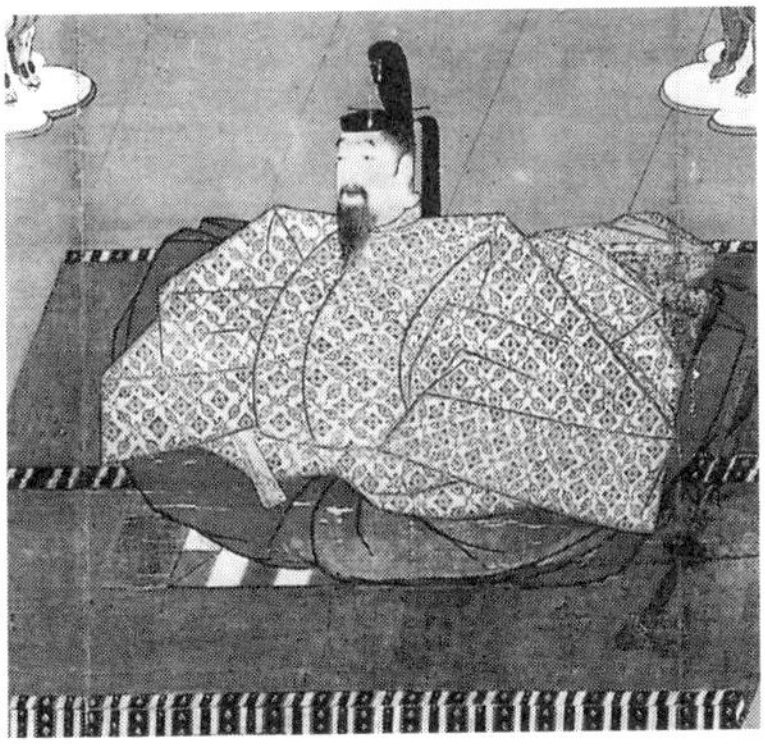

50—後醍醐天皇

であると弁明したらしい。そのおかげもあってか、彼はどうにか処罰を免れることができた。

正中の変の後、おなじ大覚寺統で皇太子となっていた邦良の勢力は、後醍醐の譲位を求めた。持明院統も、とりあえずは邦良への譲位を実現させたかったようだ。それに対して後醍醐は、譲位を考えてはいなかった。邦良・持明院統・後醍醐の三つの勢力は、幕府に使者をしきりに派遣し、それぞれの主張を幕府に訴えている。その様子は競馬《くらべうま》のようであったという。

嘉暦元年（一三二六）。邦良が没すると、彼に代わる皇太子をめぐる争いも、幕府に判断が求められた。両統迭立の原則にそって、幕府は持明院統の人物を皇太子に指名する。後醍醐は、いずれこの皇太子に譲位しなければならないことになった。

後醍醐が自分の子孫に皇位を継承させるためには、もはや幕府を倒すほかなかった。子の尊雲法親王《そんうんほっしんのう》を比叡山延暦寺に入れて、そのトップである天台座主にすると、尊雲は倒幕を意識して武芸に励んだという。後醍醐はそのほかにも、畿内の寺社勢力や悪党勢力まで味方に引き入れようとした。倒幕のための祈禱もさかんにおこなったらしい。

元弘《げんこう》元年（一三三一）四月。倒幕計画が幕府に密告された。密告した吉田《よしだ》定房《さだふさ》は、後醍醐の側近であった。彼の目には、後醍醐が世を乱そうとしているように見えていた。このまま誤った方向に進めば、皇統が断絶するのではないかと危惧したようである。六波羅探題は日野俊基らを捕らえて鎌倉へ送った。

当時の関東申次《かんとうもうしつぎ》は西園寺《さいおんじ》公宗《きんむね》であった。関東申次とは、幕府と朝廷との間の連絡や調整をする役目を与えられた貴族のことである。鎌倉時代後半には西園寺氏がこれを担当していた。公宗に対して後醍醐は、すべては魔物のしわざ（天魔《てんま》の所為《しょい》）であって自分の責任ではないから、幕府に寛大な措置を求めてほしいと話したという。それを伝え聞いた花園上皇は、嘆かわしいことだと日記に書き記している。

その後ひそかに京都を脱した後醍醐は、笠置山へ逃れて倒幕の兵を募ったが、幕府軍に包囲されて陥落する。幕府は後醍醐を退位させて隠岐に流した。日野資朝・資基らも処刑されている。この事件は元弘の変とよばれている。

朝廷では、後伏見上皇の院政のもとで持明院統の光厳天皇が即位した。次の天皇となる皇太子は、大覚寺統から選ばれている。ここでも幕府は、両統迭立の原則を変えていない。幕府は皇位を左右するほどの影響力はあったが、だからといって皇位を思うがままにしようとは思っていなかったのである。

悪党の登場

一三世紀の半ば頃から、諸国で夜討・強盗・山賊・海賊のような行為に及ぶ悪党の活動が目立つようになった。悪党禁圧は、異国警固とならんで、軍事・警察を担当する幕府にとって果たすべき重要な役割であった。政権担当者が交代しても、悪党に対して幕府は一貫して厳しい態度をとっている。

幕府は確かに軍事・警察を担当する部門であった。しかし西国の本所一円地の荘園では、幕府による介入を必ずしも受け入れていない。幕府も本所一円地内には不介入の方針をとっており、軍事・警察を国単位で担当する守護は、そこに立ち入ることすらできなかった。重大犯罪者に限って、犯人の引き渡しを荘園領主に要求することができた程度である。一方で荘園領主は、守護の使者が荘園に入ることを嫌うことが多かった。守護の使者の入部を禁じるよう幕府に求める荘園領主の訴えは、鎌倉時代前半を中心にひろくみられる。

鎌倉時代後半になって、朝廷と幕府とが徳政をかかげて協調路線をとるようになると、西国で本格的に幕府が悪党を逮捕するような、次のような手続きができあがる。

荘園領主の意に反する行為が荘園内で手に負えなくなると、領主は朝廷に訴える。朝廷がその行為を天皇の命に背いた犯罪であると認定すると、その行為をおこした者たちは悪党とよばれる。朝廷は悪党の名簿を提出して、六波羅探題に彼らの逮捕を依頼する。それを受けた六波羅探題は、武装した使節を派遣して悪党を逮捕する。

この手続きができあがったことによって、幕府は本所一円地内の悪党行為もとりしまることができるようになった。幕府にとっては権限の拡大を意味したが、同時にそれは、担当すべき課題が増えたことをも意味していた。西国で幕府は、悪党とも戦わざるを得なくなったのである。
幕府が軍事・警察を担当する部門としてその役割を果たそうとすればするほど、悪党と名指しされる人々が増え、幕府に敵対する勢力は増えていく。本来は荘園領主に敵対していた勢力であっても、幕府に敵対する勢力へと変化することがあったのである。

また、このような手続きでは、荘園領主に敵対する勢力は悪党となりうる。御家人や守護代であっても、場合によっては悪党となりえた。かつて守護の使者の入部を禁止するよう幕府に求めていた荘園領主も、荘園に入ってくる守護の使者を悪党とみなし、幕府に禁圧を求めることもあったであろう。御家人や守護代でさえも、幕府が禁圧する対象となりえたのである。

もともとどこの地域にも、不断に争いはあるものだ。争いがその地域内で完結しなくなると、いずれかの勢力が相手方を朝廷や幕府に訴えることになる。鎌倉時代後半になると、訴えられた側は悪党とみなされるようになった。こうして悪党と名指しされる勢力は、増えることはあっても減ることはない状況となったのである。

悪党は、後醍醐の倒幕を支える勢力にもなった。楠木正成《くすのきまさしげ》はその代表格である。実はこの楠木正成は、駿河国入江荘《するがのくにいりえのしょう》の楠木を名字の地とする御家人で、早い段階に得宗の被官となった一族だとする説がある。正成は和泉国若松荘《いずみのくにわかまつのしょう》に所領をもっていたが、何らかの理由で権益を奪われ、それへの反抗によって悪党と名指しされたともいわれている。幕府に鎮圧される対象となった正成は、こうして倒幕へと傾いていったらしい。

正成のような東国御家人が西国へ移住することは、当時は珍しくなかった。彼らの移住は、西国に新たなあつれきをもたらしたであろう。そこで起きた争いによっても、悪党は誕生することがあった。悪党は自分たちを鎮圧しようとする幕府に抵抗する。鎌倉時代後半に多くみられる悪党の蜂起には、このような背景もあったのである。

3 鎌倉幕府の滅亡

足利高氏の挙兵

元徳三年（一三三一）。元弘の変とよばれる二度目の倒幕計画が露見した後醍醐は、ひそかに京を抜け出して笠置山にこもった。和泉・河内で活動していた楠木正成が、これに呼応して挙兵している。事態に対応するため、幕府は軍勢を京都に派遣した。そのなかには、有力な北条氏一門とともに足利高氏《あしかがたかうじ》（幕府滅亡後に尊氏と改名）も加えられていた。承久の乱の先例によるものであったという。

『太平記』によれば、高氏はこの時、父貞氏を亡くしたばかりで喪に服していた。本来は格下のはずの北条氏に理不尽な命令をつきつけられて、高氏はひそかに北条氏への反逆を決意したという。その後、後醍醐のこもる笠置は陥落して楠木正成も逃走した。こうして元弘の変は終わる。

しかし、畿内の情勢は依然として緊迫していた。後醍醐の皇子の尊雲法親王は、還俗して護良《もりよし》親王となっていた。彼は反幕府勢力に北条氏打倒を広く呼びかける。その論法は、北条氏がもとは伊豆国の一地方役人に過ぎないことを非難し、朝廷を軽んじる彼らの横暴を許してはならないというものであった。護良にとっては、北条氏のいない世界こそが本来あるべき姿だったのである。

楠木正成は、河内や和泉でゲリラ戦を続けていた。赤松円心《あかまつえんしん》は播磨で挙兵して六波羅の軍勢と戦っている。幕府軍を撃破するにはいたらなかったが、彼らが抵抗を続けることによって、少しずつ幕府の存立は危ういものとなっていった。後醍醐は流されていた隠岐を脱出し、出雲から伯耆に入って名《な》和長年《わながとし》に迎えられる。やがて、地滑り的に反幕府勢力が各地に広がっていった。

正慶二年（一三三三）。六波羅探題だけでは対応しきれないと判断した幕府は、再び大軍を京都に派遣する。高氏の名前もそこに含まれていた。元弘の変と同じように、承久の乱の先例が意識されたのであろう。体調不良を理由に辞退した高氏であったが、幕府からの再三の命令を拒否することもできず、上洛することを決める。妻子は鎌倉にとどめ置かれた。『太平記』によれば、この時にはすでに倒幕を計画していたという。

大将の名越高家《なごえたかいえ》とともに鎌倉を出発した高氏は、四月中頃に京へ到着した。援軍の到来を聞いて、六波羅の軍勢はわきたった。しかし、京都を出て戦場にむかった高家は、早々に敵の矢に射ぬかれて戦死してしまう。

高家の別働隊として京都を出発していた高氏は、ついに倒幕を決心する。四月下旬には丹波国篠村《たんばのくにしのむら》（京都府亀岡市篠町）で軍勢を集め、五月七日には六波羅探題を攻撃した。

高氏が挙兵を決めた要因は、さまざま想定できよう。本来は格下の北条氏が幕府を主導しているのに対して、将軍にもなりうる源姓足利氏という出自をもつ高氏が反感を覚えたからともいわれる。しかし、幕府には幕府の格や序列があった。北条氏の格を低くみるのは、京都の尺度の適用によるものである。幕府の尺度では、北条氏はあきらかに足利氏よりも上であった。足利氏も、その序列のなかで一定の地位を得ている。幕府の役職にこそついていないものの、足利氏は独自の家政機関をもっていたし、袖判下文《そではんくだしぶみ》という形式をとる文書も発給していた。この形式を継続的に使用できたのは、御家人では北条氏と足利氏だけである。

51―篠村八幡宮

また足利氏は、北条氏と重ねて姻戚関係を結んでいた。たとえば足利高氏の父の貞氏は、北条氏一族で引付頭人にまでなった金沢顕時の娘を妻に迎えている。彼女の生んだ高義《たかよし》は早世したものの、当初は足利氏の嫡男であったらしい。高義没後に嫡男となった高氏は、やはり北条氏一族で執権にまでのぼった赤橋守時の妹を妻に迎えている。足利氏と北条氏は、対立を続けたあげくに衝突したのではなく、本来は姻戚関係を結ぶような近しい関係にあったのである。

一方で、将軍が源氏でなければならないという考え方は当時からあった。しかし、足利氏は数ある源氏のなかのひとつでしかない。そのため足利氏は、得宗の擁立する親王将軍に仕えることで源氏嫡流という立場を確保し、幕府内では得宗につぐ格の高さを維持できていたともいわれる（田中二〇一三）。

ただし、幕府内の地位は幕府が健在であってこそ保たれる。二度にわたって上洛した高氏は、幕府とは異なる尺度をもとに倒幕を主張する人々を目の当たりにして、幕府そのものの存立の危機を感じ、倒幕に動いたのかもしれない。

六波羅探題の最期

足利高氏の挙兵を知った六波羅探題は、持明院統の後伏見・花園の二人の上皇と光厳天皇を探題北方の館に移し、防備を固めた。当時の探題は、北方が普音寺仲時《なかとき》、南方が北条時益《ときます》であった。最後の六波羅探題となった二人についてみてみよう。

仲時は徳治《とくじ》元年（一三〇六）に普音寺基時《もととき》の子として生まれる。業時《なりとき》・時兼《ときかね》・基時・仲時とつづいてきたこの一族は、代々にわたって幕府の要職につく有力な家系であった。仲時の曾祖父の業時は、連署にまで昇進している。祖父の時兼は三〇歳前後で死去したために四番引付頭人止まりであったが、父の基時は幕府の要職を経ずに六波羅探題北方となり、鎌倉に戻ってからは順調に執権にまで昇進した。
仲時も、幕府の要職を経ず、元徳《げんとく》二年（一三三〇）に二五歳で探題北方として上洛した。父基時の先例があって指名されたのであろう。父の例にしたがえば、ほどなく仲時も鎌倉に戻り、父と同じように執権にまで出世するルートに乗っていたかもしれない。

一方で南方の時益は、政村流北条氏の一族であった。生年はよく分かっていないが、父の時敦《ときあつ》は弘安四年（一二八一）生まれである。徳治元年（一三〇六）生まれの北方探題仲時とほぼ同年代であろう。

時益の曾祖父の政村は、連署や執権を歴任した幕府の有力者であった。祖父の政長《まさなが》は五番引付頭人止まりであったが、父の時敦は、幕府の引付衆を経て延慶三年（一三一〇）に探題南方となり、五年後には三五歳で探題北方に転任した。探題在任のまま、五年後に京で没している。この頃には時益も、父時敦とともに在京していたようである。その経験を買われて探題に指名されたのであろう。

52——普音寺仲時・北条時益系図

時益は鎌倉でも甘縄に邸宅をもっていた。祖父の政長の代から継承していたもののようである。甘縄には、安達氏も邸宅をもっていた。霜月騒動で安達氏は一度は没

53—蓮華寺境内の供養塔群

落するものの、のちには安達時顕が幕府中枢に復帰している。その間、時顕を庇護したのは政村流北条氏であった。

北条貞時没後の幕府は、長崎高綱と安達時顕に託されていた。探題南方となった時益は、その時顕を庇護した政村流の出身である。幕府中枢を握る時顕との縁もあって、時益が南方の探題となったのであろう。

元徳二年（一三三〇）。南北の探題となった仲時と時益は、元弘の変に対応した。楠木正成の追討や赤松円心への応戦も指揮している。

正慶二年（一三三三）五月七日。幕府に反旗を翻した足利高氏の軍勢によって、二人の守る六波羅探題はあっけなく陥落した。仲時・時益は、後伏見・花園の二人の上皇と光厳天皇を連れ、鎌倉を目指して敗走を始めた。

『太平記』によれば、北方探題の仲時は六波羅の館を離れるに際して、妻と幼い我が子の松寿丸《しょうじゅまる》に別れを告げている。探題として上洛する北条氏は、妻子を六波羅まで連れてきていたことが分かる。南方の時益にうながされた仲時は、妻子を置いて六波羅を離れた。後に松寿丸は北条友時《ともとき》をなのり伊豆国で挙兵したが、捕らえられて斬罪に処されたという。あるいは、建武三年（一三三六）に南朝方の新田義貞《にったよしさだ》軍に大将の一人としてみえる「越後松寿丸」が、仲時の子の松寿丸だともいわれている（鈴木二〇〇七）。

六波羅を脱した一行は鎌倉へ向かった。しかし南方の時益は、馬上で矢に射られて落命する。近江国の番場《ばんば》（滋賀県米原市番場）までなんとか歩を進めた北方の仲時は、蓮華寺《れんげじ》にこもって自害した。ともに自害した従者は四〇〇人以上にのぼり、蓮華寺には川のように血が流れたと伝えられている。こうして六波羅探題は、最期の時を迎えた。正慶二年（一三三三）五月九日のことである。天皇と二人の上皇は、すでに京都に引き返していた。

新田義貞の挙兵

鎌倉を攻撃して北条氏一族を滅亡させたのは、新田義貞《にったよしさだ》である。『太平記』によれば、上野で義貞が倒幕の挙兵を決めたのには、次のような経緯があった。

正慶二年（一三三三）正月。幕府の軍勢は、楠木正成のいる千早城を攻め立てていた。攻める幕府軍に義貞も加わっている。その頃、護良親王は倒幕を命じる文書を四方に発していた。それを手に入れた義貞は、病といつわって本貫地である上野に帰国したようである。

畿内・西国の反乱を鎮圧するため、幕府は関東の国々から臨時の兵粮を徴収した。その催促は、義貞の本貫地である上野国新田荘世良田《こうずけのくににったのしょうせらだ》の有徳人《うとくにん》にも及んだ。有徳人とは、一般的に裕福な人々のことをさす。この時期には、新たに富を集積した有徳人とよばれる人々が各地に勃興していた。世良田までやってきた幕府の使者たちの催促ぶりは、目に余るものであったらしい。見かねた義貞は使者を

54── 生品神社
新田義貞の挙兵の地といわれる

斬り捨てた。こうして倒幕を決意した義貞は、生品《いくしな》神社（群馬県太田市新田市野井町）に一族を集めて挙兵したという。

　上記のような『太平記』の記述にしたがえば、幕府も私腹を肥やすために兵粮を集めていたわけではなかった。少なくとも表向きの名目は、畿内・西国の反乱を鎮圧するためである。しかし東国の人々にとっては、これまでにない新たな負担を強いられると感じられたのであろう。西国において軍事権門であろうとすればするほど、東国政権としての幕府の基盤である東国に負担を強いなければならなかったのである。

　正慶二年（一三三三）五月八日頃に挙兵した義貞は、十一日には武蔵国の小手指原《こてさしはら》（埼玉県所沢市北野）辺りで幕府軍と戦闘に及んだ。新田方には、信濃の市村王石丸《いちむらおういしまる》の代官や小笠原貞宗《おがさわらさだむね》らが合流している。常陸の塙政《はなわまさ》茂《しげ》もこの頃から新田方についたらしい。一方で幕府方は、桜田貞国《さくらださだくに》を中心とした軍勢であったという。劣勢となった貞国らは、武蔵府中へと敗走した。

　同月十五日には、武蔵府中近くの分倍河原《ぶばいがわら》（東京都府中市府中本町）辺りで再び両軍が衝突する。幕府方は新たに北条泰家《やすいえ》を大将とする軍勢を派遣していた。泰家は、得宗の北条高時の弟である。新田方には、三浦一族の大多和《おおたわ》氏や、陸奥の大河戸《おおかわど》氏の代官、武蔵の熊谷直春《くまがいなおはる》らも加わっていた。勢いを増した新田方に幕府の軍勢はまたも敗れ、泰家は後退を余儀なくされる。新田方は南下をつづけ、相模国の世野原《せやはら》（神奈川県横浜市瀬谷区）などでの合戦でも勝利して、鎌倉に迫った。

同じ頃、泰家の別働隊として出発していた金沢貞将《かねさわさだゆき》は、武蔵国鶴見（神奈川県横浜市鶴見区）の付近で小山《おやま》秀朝《ひでとも》・千葉《ちば》貞胤《さだたね》らと戦っている。守護クラスの有力御家人である小山氏や千葉氏の一族も、幕府に反旗を翻していたのである。鶴見での合戦で敗れた貞将は、鎌倉へと敗走した。

倒幕の兵を挙げた武士たちは、北条氏のやり方に不満をもっていたともいわれる。しかし、彼らは幕府内でそれなりの地位を得ており、北条氏とはいわば共生関係にあった。

たとえば新田義貞は、得宗の被官として有名な安東氏の女性を妻に迎えるなど、北条氏との親しい関係を維持していたようである。鶴見で戦った千葉貞胤も、実は敵将の金沢貞将とは従兄弟同士であった。千葉貞胤の母が金沢貞将の叔母という関係である。

彼らのような東国御家人も、足利氏と同じように、鎌倉にいる北条氏と良好な関係を築いていた。それが破綻したのは、幕府が彼らに新たな負担を強いたからでもあろう。

幕府の成立以来、東国にはいくつかの既得権益があり、幕府はそれを追認していた。しかし、杓子定規に守護制度を適用するといった先述のような傾向がでてくると、その既得権益の存在も危うくなったのかもしれない。その上さらに、西国の反乱を鎮圧するための人的・物的な負担も求められるようになった。東国御家人たちの不満は、この辺りから生まれたものではないだろうか。

鎌倉攻防戦

正慶二年(一三三三)五月十八日。鎌倉をめぐる攻防戦が始まった。この頃までに新田方には、陸奥の石河義光《いしかわよしみつ》、常陸の大塚員成《おおつかかずなり》、伊豆の天野経顕《あまのつねあき》、陸奥白河の結城宗広《ゆうきむねひろ》らが加わっていた。情勢を見守っていた武士たちが、幕府の劣勢をみて新田方に流れたようである。

『太平記』などによれば、鎌倉攻防戦の様子は次のようであった。

新田方は西から三方に分かれて鎌倉に攻め込んだ。北から順に、①巨福呂坂《こぶくろざか》、②化粧坂《けわいざか》、③極楽寺坂《ごくらくじざか》の三方である。①からは堀口貞満《ほりぐちさだみつ》が、②からは新田義貞・脇屋義助《わきやよしすけ》が、③からは大館宗氏《おおだてむねうじ》が、それぞれ攻め入った。

それに対して幕府も、軍勢を三つに分けて鎌倉を防衛している。①方面には赤橋守時《あかはしもりとき》を派遣して守らせた。②方面には、実名は分からないが、北条氏一族の金沢越後左近大夫将監《かねさわえちごさこんだゆうしょうげん》を中心に編成した軍勢が送られている。③方面には、大仏貞直《おさらぎさだなお》を大将とする軍勢が送られた。

①巨福呂坂では、幕府方の赤橋守時が優勢に戦って洲崎《すざき》にまで進軍した。しかし洲崎の激戦で敗れ、守時は戦死する。かわって金沢貞将が巨福呂坂に派遣された。貞将は鶴見での合戦で敗れた後、鎌倉に帰ってきていたようである。

②化粧坂を攻めていた新田義貞は、大館宗氏の戦死を聞いて③極楽寺坂方面にまわった。極楽寺坂の霊山山《りょうぜんさん》は激戦地となり、ここをめぐって四日間もの攻防戦が続いた。

同月二十一日。幕府方の大仏貞直が討死して新田方が霊山山を確保すると、戦況は決定的となる。新田方は一気に幕府方を追い込んだ。鎌倉は三方を山に囲まれ、残る一方は海に面しているので守りやすいといわれるが、一点を突破されただけで内部に侵入される地形は、天然の要害というには脆すぎる印象をうける。

ちなみに、義貞が稲村ヶ崎に太刀を投げ入れると潮が引いたというエピソードは、後世の創作によるものだといわれている。太刀を投げ入れたのが事実であったとしても、鎌倉に侵入する配下の軍勢を鼓舞するために、ひとつの演出としておこなったものであろう。

55――稲村ヶ崎

一方で①巨福呂坂では、五月二十二日まで戦闘がつづいていた。幕府方の金沢貞将が奮戦を続けていたようである。『太平記』によれば、貞将は戦場からいったん得宗の北条高時のもとにもどり、最後の挨拶をしている。その場で、いずれ六波羅探題に任命する旨を記した御教書をうけとり、相模守拝任を約束されたという。もちろん貞将はそれが実現するとは思っていなかったが、名誉なことだと喜んだらしい。御教書をうけとった貞将は、そのまま巨福呂坂の戦場に向かい討死した。

56── 北条高時像

また一方で、②化粧坂でも激戦が続いていた。当初は金沢越後左近大夫将監を中心とした軍勢が編成されていたが、それに加えて普音寺基時の軍勢が送られていた。基時の子の仲時は、最後の六波羅探題北方となった人物である。仲時はすでに五月九日に近江国番場の蓮華寺で自害していた。この知らせは鎌倉にも届いていたらしい。遅くとも同月二十二日には、父の基時も自害している。

基時とおなじく化粧坂を守っていた金沢越後左近大夫将監は、新田方の軍勢を突破して戦場から離脱したようである。幕府滅亡後の建武二年（一三三五）に長門で挙兵した越後左近将監入道は、化粧坂の大将と同一人物ではないかといわれている。

以上のように、①巨福呂坂と②化粧坂ではそれなりにもちこたえていたものの、③極楽寺坂方面を破られたことが決定打となって、幕府方は敗北を喫した。幕府中枢の人々は葛西谷《かさいがやつ》の東勝寺《とうしょうじ》に逃げ込み、二十二日には、高時をはじめ北条氏一族あわせて二八〇人以上が自害したという。のちに足利尊氏によって、高時の邸宅跡には宝戒寺《ほうかいじ》が建立された。境内には得宗をまつる徳崇権現が安置されている。

敗軍の将

幕府の滅亡は、『太平記』などをはじめとした軍記物語に劇的に描かれている。敗者に目を向ける本書では、彼らの悲劇的なエピソードではなく、その経歴に注目したい。ここでは特に、幕府方の大将格となっている人物をみてみよう。

新田方と幕府方が最初に衝突したのは小手指原の合戦であった。幕府方の大将は桜田貞国である。貞国の父は北条時頼の子の時厳《じごん》であった。時厳は早くに出家して僧侶となっており、桜田禅師《さくらだぜんじ》と称していた。彼の子は桜田をなのったようである。鎮西探題で最後の一番引付頭人となった桜田師頼は、貞国の兄であった。

鎌倉時代も後半になると、北条氏の一族はさまざまに枝分かれしていた。嫡流からは遠い一族が戦地へ送られてもおかしくはない。しかし、新田義貞の反乱を鎮圧するために派遣された軍勢を指揮したのは、得宗時頼の孫にあたる貞国であった。その貞国が敗れると、幕府は新たに北条泰家を大将とする軍勢を派遣している。泰家は得宗高時の弟であった。

かつて西国には、異国警固などのために得宗の弟や猶子が派遣されていた。東国での反乱に際しても、貞国や泰家のような得宗の弟やその一族が、大将格に選ばれたのである。

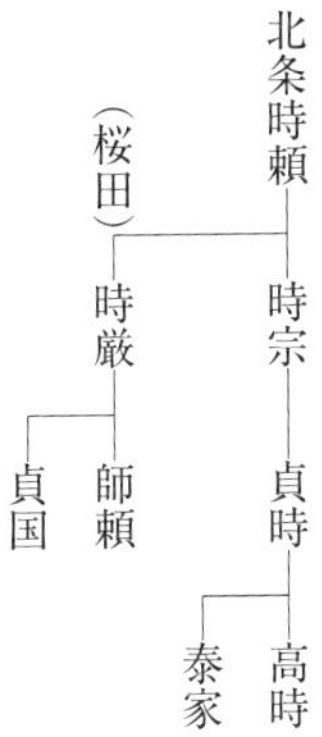

57—「敗軍の将」系図

分倍河原で泰家の軍勢が劣勢を強いられていた頃、鶴見でも金沢貞将が千葉貞胤らに敗れている。泰家とは別ルートで新田方の鎮圧

58── 金沢貞将

に向かっていたところ、鶴見で千葉氏と衝突したらしい。貞将は、当時の幕府一番引付頭人である。

鶴見で貞将が敗れたのは五月十五日頃。その三日後には新田方の鎌倉攻撃が始まっている。幕府方は三方面に守備隊を送った。①巨福呂坂方面には赤橋守時、②化粧坂方面には金沢越後左近大夫将監、③極楽寺坂方面には大仏貞直が、それぞれ派遣されている。

当時の幕府中枢は、執権が赤橋守時、連署が北条茂時、一番引付頭人が金沢貞将、同二番は大仏貞直であった。このうち執権と二番引付頭人が、大将格として派遣されたことになる。かつて西国での異国警固などには、執権や引付頭人の名代が送られていた。それに対して鎌倉を守る戦いでは、名代ではなく執権や引付頭人みずからが軍勢を率いたのである。

この例外が、②化粧坂に配置された金沢越後左近大夫将監である。彼の実名はよく分かっていないが、名前からして金沢顕時の子ではないかといわれている。これにしたがえば、金沢貞将にとっては叔父にあたる。すでに執権を辞任して出家していた金沢貞顕からみれば弟にあたる。本来ならば、一番引付頭人の金沢貞将が大将格にふさわしい。しかし貞将は、三日前に鶴見で敗戦したばかりであった。貞将が軍勢を立てなおしている間は、貞顕の弟で貞将の叔父である人物が、名代として軍勢を指揮することになったのであろう。

ところが、①巨福呂坂に配置された執権の赤橋守時が討死したために、金沢貞将はその後任として巨福呂坂に向かった。執権の後任には、一番引付頭人こそがふさわしいと判断されたようである。

鎮西探題の陥落

六波羅探題北方の仲時は、正慶二年（一三三三）五月九日に自害した。鎌倉では同月二十二日に高時らが自害している。それに遅れること三日。同月二十五日には、鎮西探題の赤橋英時が博多で自害した。『博多日記』や『太平記』などによれば、そこにいたるまでの経緯は以下のようであった。

正慶二年（一三三三）三月十二日。探題滅亡の二ヵ月ほど前。菊池《きくち》武時《たけとき》が探題館に出仕した。あらかじめ探題から九州各地の武士に招集があったらしい。出仕の確認には、集まった武士たちの名前を順に書き記し、「着到《ちゃくとう》」とよばれる名簿を作るという方法をとるのが一般的であった。この時には、探題奉行人の下広田《しもひろた》久義《ひさよし》が名簿の作成を担当している。

下広田久義は、菊池武時が遅参したことを理由に着到への記入を拒んだ。これを不服とする武時と久義との間で押問答がつづき、口論に及んだという。結局、武時の名前は着到に記されなかったらしい。

翌十三日。探題への不満が決定的となった武時は挙兵した。菊池勢は博多中の所々に火を放ち、松《まつ》原口辻堂《ばらぐちつじのどう》から探題館に攻め入ろうとしたが果たせず、早良《さわら》小路《こうじ》を経由して櫛田《くしだ》浜口《はまぐち》から攻撃をしかけ

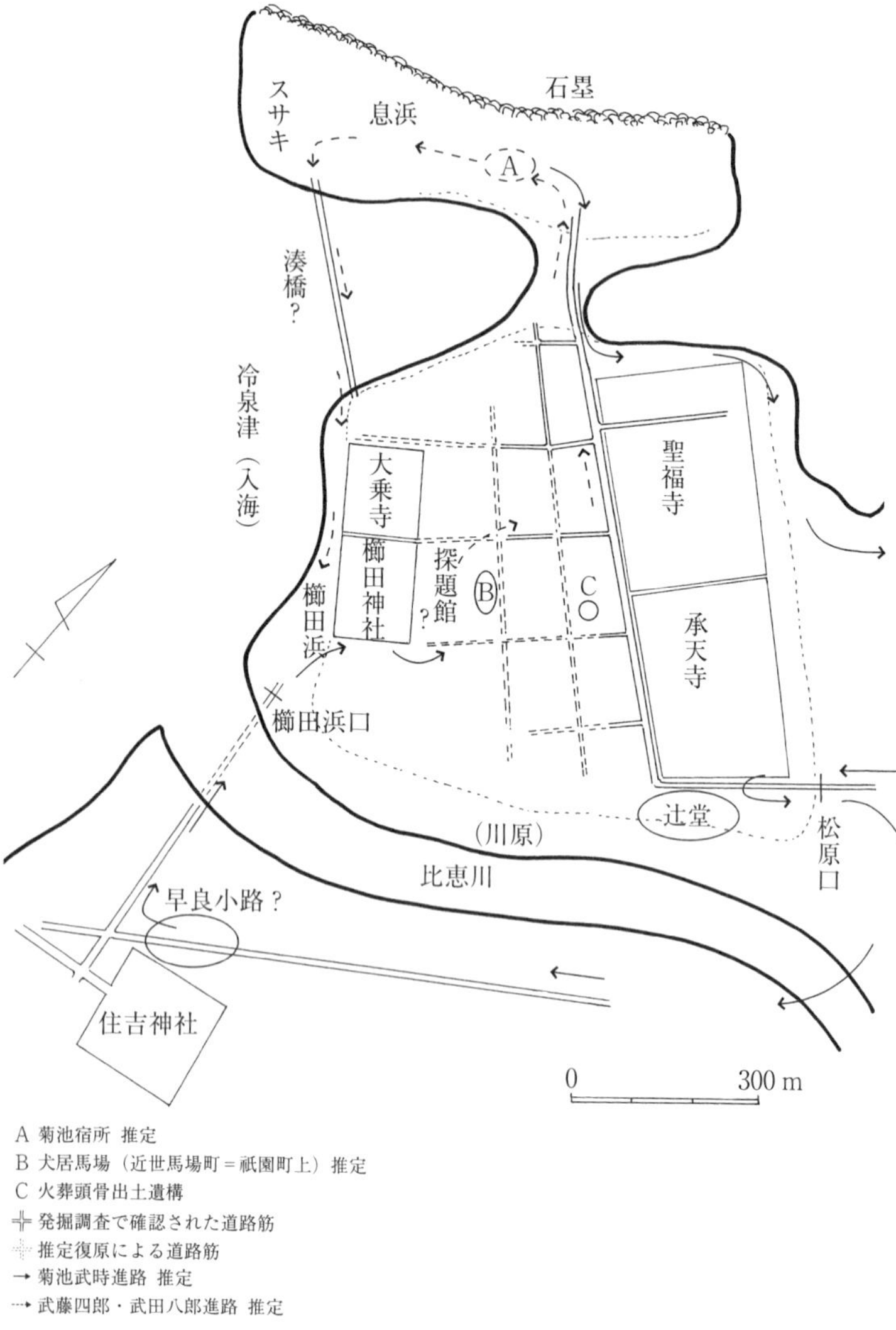

59――鎌倉時代末期博多推定概念図
大庭康時「「博多日記」の考古学」（『市史研究ふくおか』3，2008年）

た。放火を菊池氏の所行と確信した探題方の武蔵四郎《むさししろう》・武田八郎《たけだはちろう》らは、息浜《おきのはま》にある菊池氏の宿所に攻めかけていた。しかし、すでに出陣していて菊池勢は宿所にいなかったため、須崎をまわって櫛田浜口へと向かい、そこで菊池勢と合戦に及んだという。

菊池氏は少弐貞経《しょうにさだつね》・大友貞宗《おおともさだむね》らと事前に申し合わせていたが、彼らは決起しなかった。こうして菊池氏は敗北を喫する。討ち取られた二〇〇あまりの首は、犬射馬場《いぬいばば》にさらされたという。この戦いを菊池合戦とよぶ。近年の発掘調査で検出された一一〇体分ともいわれる頭骨は、さらされた菊池方の首ではないかといわれている(大庭二〇〇八)。

鎮西探題の赤橋英時は、反幕府勢力の一掃を目指して追手を派遣した。しかし、五月七日に六波羅探題が陥落し、関東で幕府方の劣勢があきらかになると、九州でも状況が大きく変わる。かつて菊池氏に与しなかった少弐氏や大友氏らも方針を転換した。この頃に足利高氏は、後醍醐からの命令にしたがって倒幕に参加するよう、九州をはじめとする各地の武士たちに書状を送っていたようである。もはや探題に有利な材料は残されていなかった。九州各地から集まった武士たちの攻撃をうけ、五月二十五日に英時が自害して鎮西探題は滅亡した。

九州で特徴的なのは、二ヵ月前の菊池合戦では探題方が勝利していることである。この時から探題滅亡の直前まで、九州の有力武士たちは探題方についていた。六波羅の陥落や関東での幕府方の劣勢を聞いてはじめて、彼らは探題を攻撃したのである。

鎌倉幕府滅亡の理由としてしばしば指摘されるのが、蒙古襲来の影響である。九州で戦った武士たちが恩賞を与えられなかったことに不満を抱き、それが幕府に向けられたというのである。ところが鎮西探題の滅亡をみると、九州の武士たちはそれほど不満を感じていたようには思えない。

確かに幕府は、武士たちの恩賞要求に苦慮した形跡はある。しかし九州の武士たちは、できないことはできないと承知していたはずだ。ゴネれば得をすると思っていたかもしれないが、幕府が恩賞として与える所領がないことくらい、分かっていたはずである。むしろ彼らは、鎌倉から派遣される異《い》国打手大将軍《こくうってのたいしょうぐん》らを受け入れ、異国警固番役を負担し、石築地を造営するなど、幕府に対しては比較的従順であった。

しかし、幕府そのものがなくなってしまえば、鎮西探題にもしたがう必要はない。九州での幕府の影響力は大きかったが、それは幕府が組織として機能しているからこそであった。九州の武士たちは幕府組織としての探題にしたがい、幕府の実質的な滅亡とともに探題を見限ったのである。

のちに足利尊氏《たかうじ》（高氏から改名）が京から逃れた時にも、九州の武士たちは彼を受け入れた。九州に向かう途中で尊氏は、天皇による任命がないまま「将軍」をなのっている。鎌倉幕府の派遣した「異国打手大将軍」以来、九州の武士たちにとって「将軍」とは、受け入れるものだったのではないだろうか。

正慶二年（一三三三）五月に鎌倉幕府が滅亡すると、京には後醍醐が迎えられ、建武政権が始まった。北条氏の多くは滅亡したが、一部は逃れて建武政権に反乱を起こしている。

復活をめざして

はやくも同年末には、津軽の大光寺《だいこうじ》（青森県平川市）で合戦がおこった。翌建武元年（一三三四）五月にも陸奥国石河《いしかわ》（青森県弘前市）で合戦があり、十一月には北条氏一族の名越時如《なごえときゆき》や安達高景《あだちたかかげ》らが降伏している。一方で九州では、同年正月に糸田貞義《いとださだよし》・規矩高政《きくたかまさ》による反乱がおきていた。糸田・規矩はともに北条氏一族の金沢氏の出身である。七月には日向でも、北条氏一族とみられる遠江掃部助《とおとうみかもんのすけ》三郎《さぶろう》が挙兵している。

長門や伊予でも反乱が起きた。長門では建武二年（一三三五）正月に、上野四郎入道と越後左近将監入道が挙兵する。前者は最後の長門守護となった金沢時直の子である。後者は、鎌倉陥落の際に化粧坂を守備しており、敵陣を突破して鎌倉を離脱したとおぼしき人物であった。伊予では、『太平記』によれば翌二月に赤橋重時《あかはししげとき》が挙兵したようである。重時は系図上、最後の執権となった守時の甥に当たる。

東国でも北条氏与党がくすぶり続けていた。建武元年（一三三四）三月頃には、得宗の被官として有名な本間・渋谷両氏が鎌倉を目指して挙兵している。同じ頃には駿河でも凶徒の蜂起があったという。八月には関東で江戸・葛西両氏が蜂起したらしい。不穏な動きは各地におこり、越後や美濃でも合戦があったという。

北条氏与党の活動は、畿内やその周辺でも確認される。建武元年（一三三四）十月には、紀伊の飯盛城（和歌山県紀の川市）で合戦があった。挙兵したのは佐々目僧正憲法《ささめそうじょうけんぽう》なる僧侶である。北条氏一族の金沢顕雄《あきかつ》の子で、東大寺の僧となっていた顕宝《けんぽう》と同一人物のようである。

幕府滅亡の折、畿内にいた金沢氏の一族には、顕宝のほかに二人の僧侶が確認できる。仁和寺《にんなじ》の貞《てい》助《じょ》と、園城寺《おんじょうじ》の道顕《どうけん》である。貞助は、六波羅探題の滅亡とともに姿をくらましたという。道顕は、幕府滅亡後も寺にとどまって活動をつづけていたようである（永井二〇〇三）。

建武二年（一三三五）六月には、京でも謀反の計画が露見する。首謀者は西園寺公宗《さいおんじきんむね》であった。かつて関東申次だった人物である。『太平記』によれば、かくまっていた北条時興《ときおき》とともに後醍醐を倒そうと計画していたという。公宗は捕らえられ、殺害された。

彼がかくまったという時興は、もともと泰家を名のっていた人物である。幕府滅亡を機に泰家から時興と改名していたらしい。彼は最後の得宗となった高時の弟で、分倍河原で新田方に敗れた幕府方の大将であった。時興はこの時も追手から逃れたようである。建武政権が倒れたのちの南北朝時代に、南朝方として信濃で挙兵したことが知られている。

敗者、北条時行

北条時行《ときゆき》は中先代《なかせんだい》の乱をおこした人物である。得宗の高時の二男で、元徳元年（一三二九）頃に生まれたらしい（鈴木二〇〇七）。兄の邦時《くにとき》は、幕府滅亡の際に一度は鎌倉を脱したものの、捕らえられて九歳で処刑された。弟の時行は、中先代の乱の時でもまだ六歳。彼を支えたのは、信濃の諏訪《すわ》氏であった。

建武二年（一三三五）。鎌倉幕府滅亡の二年後。信濃で挙兵した時行は上野から武蔵にまで攻め入る。一方で鎌倉には、建武政権から足利直義《あしかがただよし》らが送られていた。直義は尊氏の弟である。彼は時行方の鎮圧を命じた。しかし七月二十二日に女影原《おなかげはら》（埼玉県日高市）で直義方が敗れると、さらに小手指原、武蔵府中でも敗北を喫する。勢いに乗った時行方は、二十四日に鶴見でも勝利をおさめた。この時の進軍ルートは、幕府滅亡の際の新田義貞のそれとほぼ同じであった。

同月二十五日。ついに時行が鎌倉に入る。直義はみずから出陣するも敗れ、鎌倉にいた護良親王を殺害したのちに西へと敗走した。時行の進撃に呼応するように、陸奥や北陸でも挙兵があったという。

鎌倉陥落の知らせをうけて、京から足利尊氏が鎌倉へ向かった。尊氏は三河国矢作宿《みかわのくにやはぎのしゅく》（愛知県岡崎市）で、鎌倉から逃れてきた直義と合流する。鎌倉からは時行方が追撃してきていた。

八月九日。遠江国橋本（静岡県湖西市）で尊氏方と時行方の戦端が開かれた。十二日には小夜中山《さよのなかやま》（静岡県掛川市）でも合戦を遂げている。いずれも時行方が敗れ、北条氏一族の名越氏とおぼしき備前《びぜん》新式部《しんしきぶ》大夫入道《だゆうにゅうどう》が討たれた。十四日には駿河国府（静岡県静岡市）で両軍が衝突する。ここでも時行方は敗退。名越氏とみられる尾張次郎が自害し、北条氏一族の塩田《しおた》陸奥《むつ》八郎《はちろう》が捕らえられた。

60——北条時行系図

北条貞時—┬—高時—┬—邦時
　　　　　│　　　　└—時行
　　　　　└—泰家（時興と改名）

十七日には箱根（神奈川県足柄下郡）で、十八日には相模川をはさんで合戦があった。いずれも尊氏方が勝利し、時行方は東へと敗走した。

十九日。時行方は辻堂・片瀬原（神奈川県藤沢市）で抵抗を試みるも防ぎきれず、またしても鎌倉は陥落した。諏訪頼重《よりしげ》・時継《ときつぐ》の親子をはじめとする時行方の人々は、鎌倉の勝長寿院《しょうちょうじゅいん》に逃げ込んで自害を遂げたという。『太平記』によれば、その死骸はみな顔の皮を削いでいて見分けがつかなかったため、この中に時行の遺骸もあるだろうと判断されたという。しかし時行は、この時もどこかへと落ちのびたらしい。まだ六歳くらいと幼いはずなので、誰かに支えられての逃走であろう。以上のような時行方による一時的な鎌倉奪還を、中先代の乱という。

建武三年（一三三六）二月。信濃で北条氏与党が蜂起し、鎌倉にまで攻め込んだ。これを「先代合戦」と記す史料もある。この合戦に時行が関係しているかどうかは、定かではない。

建武四年（一三三七）。南朝年号では延元二年。時行は南朝の後醍醐天皇から朝敵を赦免された。敵方の認定を解除されたのである。これによって南朝方となった時行は、足利尊氏・直義兄弟の追討を命じられる。南朝方の北畠顕家《きたばたけあきいえ》が東北地方から関東に攻め入るとこれにしたがい、十二月には顕家とともに再び鎌倉を奪還している。この頃でも、時行はまだ九歳くらいであった。翌年には美濃で南朝方として合戦に参加している。

文和《ぶんな》元年・正平《しょうへい》七年（一三五二）閏二月。観応《かんのう》の擾乱《じょうらん》で足利方が分裂すると、南朝方の新田義興《よしおき》・

義宗《よしむね》兄弟（新田義貞の子）が上野で挙兵した。時行は彼らと行動をともにしたようである。新田勢はその月のうちに鎌倉を占領した。時行はみたび鎌倉を奪還したことになる。この頃には二四歳程度となっていた。

しかし、尊氏が再び鎌倉を目指して進軍する。小手指原などで新田勢が次々に敗れると、鎌倉はまたしても尊氏の手に落ちた。時行はついに捕らえられ、翌年に鎌倉で処刑されている。

敗者の遺産　エピローグ

北条氏一族の最期

幕府滅亡のおよそ二ヵ月後。山内禅尼《やまのうちのぜんに》という名の尼が、伊豆国の北条宅《ほうじょうのたく》と上総国の所領一ヵ所を安堵された。その尼は、法名を円成《えんじょう》という。

円成は安達一族である大室泰宗《おおむろやすむね》の娘で、北条貞時の妻となり、高時・泰家を生んだ女性であった。嘉暦《かりゃく》の騒動で、高時の後任の執権に泰家が選ばれなかったことに異議を唱え、泰家を出家させたともいわれる大方殿《おおかたどの》と同一人物である。鎌倉の山内に住んでいたので、山内禅尼ともよばれていた。

化粧坂

鎌倉にいられなくなった円成は、安堵された北条宅に移り住んだようである。年齢はおそらく六〇歳前後。北条氏の子女を扶持し、これまでの戦いで命を落とした人々を鎮魂するために、円成寺《えんじょうじ》を建立したという。こうした立場を理解した上で、足利直義は円成寺に所領を寄進して援助している。

幕府滅亡前からの縁で、円成は夢窓疎石《むそうそせき》と和歌のやりとりをしていた。夢窓疎石は足利尊氏や直義の帰依もうけていたから、足利氏による円成への援助は、夢窓疎石を介しておこなわれていたともい

61──夢窓疎石

われる。

伊豆国の韮山《にらやま》（静岡県伊豆の国市）には、もともと北条《ほうじょう》館《のたち》があった。かつて北条時政が住み、源頼朝が以仁王《もちひとおう》の令旨《りょうじ》を開いた邸宅である。円成に安堵された北条宅は、北条館と同じ場所にあったものらしい。ここに移った円成は、北条宅を円成寺に改めたようである。

近年の発掘調査でも、円成寺が北条氏の館の跡に建てられたことが明らかとなった。円成寺跡からは、縦横二・五センチほどの小さな宝珠形の水晶製品（口絵参照）が出土している。どのように飾られていたのかは分かっていないが、この小さな水晶は「円成尼の涙」とも評されている。

円成は円成寺で静かに余生を送った。彼女の眺めた風景は、かつて源頼朝や北条時政らが目にしていたものと大差なかっただろう。時政から数えると、円成の生んだ高時は八代目に当たる。北条氏一族は、八代ののちに同じ場所へ帰ってきたのである。

康永《こうえい》四年（一三四五）八月。円成が没した。幕府滅亡から一二年。時政が頼朝と挙兵してからは、一六五年が経っていた。こうして北条氏の挑戦は、始まりと同じ場所で、静かに幕を閉じた。

鎌倉幕府の遺産

正慶二年（一三三三）。鎌倉幕府が滅亡して建武政権が登場すると、後醍醐は記録所を設置した。ここでは、天皇の判断を助けるための先例や意見がまとめられている。同じ頃に設置された雑訴決断所《ざつそけつだんしょ》では、武士の所領に関わる裁判がおこなわれた。鎌倉幕府では、引付が担当していた分野である。

引付と同じように、雑訴決断所の人々はいくつかの番に編成された。当初は四番編成であったが、のちに八番編成となっている。一番が畿内、二番が東海道というように、それぞれの番は地域ごとに担当を割り振られた。番の頭人には、上級の貴族である公卿《くぎょう》が任命されている。頭人の下には、朝廷の官人や足利氏の被官だけでなく、かつての鎌倉幕府の奉行人も加えられていた。太田《おおた》時連《ときつら》や二階堂《にかいどう》貞藤《さだふじ》といった人々である。

太田時連は、本文で触れた『永仁三年記』の筆者としても知られる。鎌倉幕府では問注所の執事、引付衆、評定衆、寄合衆などを歴任しており、幕府が朝廷に派遣する使者である東使《とうし》にも任じられている。建武政権では雑訴決断所の二番衆、のちに六番衆に加えられた。室町幕府が成立すると、その問注所執事ともなっている。

二階堂貞藤は、鎌倉幕府で五番引付頭人や政所執事を歴任し、東使としても活躍した。建武政権では、雑訴決断所の四番衆となっている。彼らのような人材は、鎌倉幕府の残した貴重な遺産であった。

また建武政権では、各国に国司とともに守護も設置されている。鎌倉幕府の守護も、のちの政権に継承された遺産のひとつだったのである。鎌倉に将軍府が置かれたのも、建武政権にとって鎌倉という土地が無視できない存在だったからであった。実際に関東では、鎌倉をめぐる戦いがその後もしばらくつづいている。

建武三年（一三三六）。建武政権が崩壊し、やがて室町幕府が成立する。この頃に足利氏は、侍所・政所・問注所といった機関を設置した。政所や問注所の執事には、鎌倉幕府の吏僚であった人々が任じられている。各機関の奉行人も、鎌倉や六波羅の奉行人の系譜に連なる人々が採用された。室町幕府には評定が置かれ、その下には引付方も設置されている。こうした幕府中枢の機構は、基本的に鎌倉幕府のそれにならったものであった。

室町幕府が国ごとに置いた守護も、鎌倉幕府の制度をふまえたものであった。鎌倉幕府の作り出した守護という制度は、建武政権を経て室町幕府にも継承されたのである。もちろん内実は異なる面もあるが、前代のあり方が踏襲されたのは疑いない。

室町幕府が地方に設置した鎌倉府や九州探題なども、前代のあり方を踏襲したものであった。室町幕府の奥州管領に相当するような組織は鎌倉幕府には見られないが、鎌倉・京・博多という地域ごとの拠点を掌握するという鎌倉幕府のやり方は、のちの政権でもつづけられたのである。

鎌倉府には、足利尊氏の子の義詮《よしあきら》が派遣された。義詮が京に移ると、かわってその弟の基氏《もとうじ》が鎌倉に送られている。義詮は幕府の次期将軍であった。将軍は京にいて、その弟が鎌倉に送られたのである。鎌倉にいる得宗が弟を西国に派遣するという、鎌倉幕府のあり方にならったものであろう。のちに基氏の立場は、鎌倉公方《かまくらくぼう》とよばれるようになった。

鎌倉府にも、鎌倉幕府と同じように、評定や引付、政所や問注所などが設置された。安定期を迎えた一五世紀前半には、三問三答をふまえた式日評定も月三回おこなわれている。建武政権下では、かつての鎌倉幕府の奉行人層は京や奥州に引き抜かれていたが、室町幕府が鎌倉府を設置すると、彼らは鎌倉にもどったようである。奉行人のレベルでも、鎌倉幕府と鎌倉府は連続性をもっていた。

もちろん、鎌倉幕府の作り上げたものがそのまま継承されていたわけではない。時代の要請に応じて、その形はさまざまに変わっていった。しかし、その原形はやはり鎌倉幕府に求められる。そしてその多くを築いたのは、幕府中枢にいた北条氏であった。

鎌倉幕府の滅亡は、幕府の滅亡ではなく北条氏一族の滅亡だともいわれる。鎌倉幕府の各機関が北条氏の自害によって滅亡しているのに対して、北条氏以外の人や組織の多くが、次の時代にも継承されたからである。しかし、その組織を整備したのは北条氏であった。確かに北条氏は滅びたが、その遺産は次の政権に残されたのである。

北条氏の遺産

一五世紀の中頃になると、室町幕府と対立した鎌倉公方の足利成氏《しげうじ》は、下総国《しもうさのくに》の古《こ》河《が》への移転を余儀なくされる。このため成氏は、古河公方《こがくぼう》とよばれるようになった。これを聞いた将軍の足利義政《よしまさ》は、古河公方を討つために異母弟の足利政知《まさとも》を関東に派遣する。ここでも将軍の弟が、幕府から地方へと派遣されていることが分かる。

しかし政知は、敵対勢力に阻まれて伊豆の堀越《ほりごえ》から東へ進めなくなってしまった。政知はここにとどまり、堀越公方《ほりごえくぼう》とよばれることになる。

実は、政知の住んだ堀越御所は、円成寺に隣接する場所にあった。円成寺は北条宅の跡に建てられた寺である。北条宅は、かつて北条時政が住んだ場所であった。政知はこれから関東に入る意気込みを示すために、北条氏の先例にならってこの地にとどまることにしたのであろう。伊豆から鎌倉に移って幕府を掌握した北条氏は、これから鎌倉公方になろうという政知にとって、このうえない先例であった。

ところが、戦乱がつづくうちに堀越公方の存在意義も薄れていく。政知が没すると、嫡子の茶々丸は伊勢盛時《いせもりとき》に攻められ、やがて堀越公方は滅亡した。

伊勢盛時は、のちに北条早雲《そううん》とよばれる人物である。早雲は堀越にほど近い韮山城を本拠として、伊豆平定に乗り出した。その後さらに相模まで進出する。嫡子の氏綱《うじつな》は小田原城に入るが、早雲が韮山から本拠を移すことはなかった。伊豆韮山が鎌倉時代の北条氏の出身地であることを、早雲が意識していたからともいわれる。

早雲は戦国大名北条氏の始祖とされるが、自身は北条を名のっていない。彼の一族が北条を名のり始めるのは、早雲の子の氏綱《うじつな》からであった。

大永《だいえい》三年（一五二三）頃になると、氏綱は北条を名のり始める。氏綱は当時、江戸城攻略と武蔵進出を考えていた。敵対する上杉氏は、氏綱勢を「他国の凶徒」とよび、鎌倉公方を補佐する関東管領《かんとうかんれい》としてこれを追放するという大義名分をかざしていた。こうした上杉氏の主張に対抗するために、北条を名のることにしたようである。関東進出の正当性を、鎌倉幕府の北条氏に求めるという意図は明白であろう。韮山から相模へ進出し、さらに関東全域をめざす氏綱にとって、鎌倉時代の北条氏はうってつけの先例であった。

同じ頃に氏綱は、寺社再建事業もすすめていた。その際には、相模守《さがみのかみ》を意味する「相州太守《そうしゅうたいしゅ》」を自称している。これは、鎌倉時代には相模守となるのが通例だった得宗に対する呼び名でもあった。氏綱は実際には相模守に任じられていないが、これを自称することで、相模だけでなく関東にまで進出することの正当性を主張する狙いもあったようである。

もちろん、二つの北条氏の間に血縁関係は認められない。しかし、少なくとも関東を支配する根拠として、北条の名前が利用されたのは明らかであった。鎌倉幕府を主導した北条氏は、滅亡してから二〇〇年近く経っても、関東の覇者として認識されていたのである。

堀越公方や北条早雲、あるいは北条氏綱の動きに見られるように、鎌倉時代の北条氏の先例は、戦国時代にも受け入れられていた。北条氏一族は滅亡してしまったが、のちのちまで多くの遺産を残していたのである。

あとがき

誰でも一度くらいは、自分が哀れで惨めな敗者だと思ったことがあるだろう。敗者となった経験には事欠かないいつもりの私は、「敗者の日本史」というシリーズ名を聞いて、ほぼ即答で執筆を決めた。あとがきには自分の敗者譚のひとつでも披露しよう、というところまで考えていた。

しかし、いざあとがきを書く段になると、大した話は思い浮かばない。その時々は敗者のどん底までつき落とされた気持ちになっていたが、今となってはとるに足らないできごとばかり。敗北感はいずれ形を変えていくものだと、かつての自分に声をかけてあげたい。

こうして反射的に執筆を引き受けたのだが、思うように筆は進まなかった。鎌倉幕府の政治史・制度史を中心に通史的な叙述をした上で、有名ではない北条氏一族も多くとりあげようと構想したものの、何を書いて何を削っていいのかが定まらず、書いては消しての不毛な作業がしばらく続いた。参考にしようと手にとった類書のもつ内容の豊富さに圧倒され、かえって自信をなくすこともあった。

それでも何とか書き進めることができた理由のひとつに、毎月おこなわれている日本史史料研究会例会の存在がある。研究発表の内容に刺激を受けたのはもちろんのこと、参加者の方々といろいろとお話しできるのは、本当に貴重な機会であった。特に、森幸夫・細川重男・鈴木由美各氏らにはたくさんの質問をぶつけ、多くのご教示をいただいた。史料や論文を相手にしているだけでは見えないことが、直接におうかがいすることで見えてきたような気がしている。月に一度、たくさんの質問を抱えてやってくる私に対して、丁寧に応じてアドバイスまでくださった皆様に、感謝申し上げたい。

こうして一冊を書き上げてもなお、他人に意見を聞きたいことはたくさんある。しかし、ひとまずの自分の考えを、本書にまとめることはできたと思う。ご批判をいただければ幸いである。

なお、二〇一二年度の一年間は、職場である国士舘大学の学外派遣研究員として、東京大学史料編纂所に派遣される機会を得た。本書はその成果の一部である。

この一年間は、研究のことばかりを考えていられる本当に幸せな時間であった。快く送り出してくれた同僚たちと、受け入れていただいた高橋慎一朗氏をはじめとする史料編纂所の皆様に、心から感謝したい。一方で、一年にわたって指導することのできなかった学生たちには、本当に申し訳なく思っている。この場を借りてお詫びしたい。

派遣先の史料編纂所では、各地から集まる研究者とご一緒することができた。国内研究員室で同室となった学術振興会特別研究員（ＰＤ）の皆様からは、特に大きな刺激を受けた。新進気鋭の若手研究者の姿を目の当たりにして、自分の研究の至らなさに気付くことができたと思う。彼らの益々のご活躍を祈念しつつ、記して謝意を表したい。

本書が刊行される頃には、学外派遣研究員としての一年間も終わっている。研究三昧の毎日から離れるのは残念だが、学生とともに学ぶ喜びをかみしめながら、研究生活を続けることにしよう。

二〇一三年二月十三日

史料編纂所国内研究員室にて

秋山哲雄

参考文献（五〇音順・近年のものを中心に入手しやすいものを示した）

秋山哲雄『北条氏権力と都市鎌倉』吉川弘文館、二〇〇六年
秋山哲雄『都市鎌倉の中世史』吉川弘文館、二〇一〇年
秋山哲雄・細川重男『討論　鎌倉末期政治史』日本史史料研究会、二〇〇九年
網野善彦『蒙古襲来』小学館、一九七四年
新井孝重『中世悪党の研究』吉川弘文館、一九九〇年
新井孝重『蒙古襲来』（戦争の日本史7）吉川弘文館、二〇〇七年
池谷初恵『鎌倉幕府草創の地』新泉社、二〇一〇年
市村高男『東国の戦国合戦』（戦争の日本史10）吉川弘文館、二〇〇九年
伊藤邦彦『鎌倉幕府守護の基礎的研究』【論考編・国別考証編】岩田書院、二〇一〇年
上杉和彦『源平の争乱』（戦争の日本史6）吉川弘文館、二〇〇七年
植田真平「鎌倉府奉行人の基礎的研究」佐藤博信編『関東足利氏と東国社会』岩田書院、二〇一二年
上横手雅敬『鎌倉時代政治史研究』吉川弘文館、一九九一年
上横手雅敬『日本中世国家史論考』塙書房、一九九四年
大庭康時「「博多日記」の考古学」『市史研究ふくおか』三、二〇〇八年
岡　邦信『中世武家の法と支配』信山社、二〇〇五年

岡田智行「院評定制の成立」『年報中世史研究』一一、一九八六年
海津一朗『中世の変革と徳政』吉川弘文館、一九九四年
海津一朗『蒙古襲来　対外戦争の社会史』吉川弘文館、一九九八年
筧　雅博「得宗政権下の遠駿豆」『静岡県史』（通史編2中世）静岡県、一九九七年
筧　雅博『蒙古襲来と徳政令』（日本の歴史10）講談社、二〇〇一年
笠松宏至『日本中世法史論』東京大学出版会、一九七九年
笠松宏至『徳政令』岩波新書、一九八三年
川合　康『鎌倉幕府成立史の研究』校倉書房、二〇〇四年
川合　康「研究展望　鎌倉幕府研究の現状と課題」『日本史研究』五三一、二〇〇六年
川添昭二「北条種時について」『金沢文庫研究』一〇〇、一九六四年
川添昭二「鎮西惣奉行所」『金沢文庫研究』一八一―一二（通巻二〇〇）、一九七二年
川添昭二「鎮西談義所」『九州文化史研究所紀要』一八、一九七三年
川添昭二「鎮西特殊合議訴訟機関」『史淵』一一〇、一九七三年
川添昭二「鎮西評定衆及び同引付衆・引付奉行人」『九州中世史研究』第一輯、一九七八年
川添昭二『九州の中世世界』海鳥社、一九九四年
川添昭二『北条時宗』吉川弘文館、二〇〇一年
木村英一「六波羅探題の成立と公家政権」『ヒストリア』一七八、二〇〇二年
熊谷隆之「六波羅探題発給文書に関する基礎的考察」『日本史研究』四六〇、二〇〇〇年

熊谷隆之「六波羅における裁許と評定」『史林』八五―六、二〇〇二年
熊谷隆之「六波羅探題任免小考」『史林』八六―六、二〇〇三年
熊谷隆之「鎌倉幕府支配の展開と守護」『日本史研究』五四七、二〇〇八年
黒田俊雄『蒙古襲来』中央公論社、一九六五年
黒田俊雄『黒田俊雄著作集』第一巻（権門体制論）法蔵館、一九九四年
五味文彦「在京人とその位置」『史学雑誌』八三―八、一九七四年
五味文彦「初期鎌倉幕府の二つの性格」『日本古文書学論集』五、吉川弘文館、一九八六年
五味文彦編『京・鎌倉の王権』（日本の時代史8）吉川弘文館、二〇〇三年
五味克夫「鎌倉御家人の番役勤仕について」『鎌倉政権』有精堂、一九七六年
小林一岳『元寇と南北朝の動乱』（日本中世の歴史4）吉川弘文館、二〇〇九年
近藤成一「悪党召し捕りの構造」永原慶二編『中世の発見』吉川弘文館、一九九三年
近藤成一「鎌倉幕府裁許状の日付」『鎌倉遺文研究』四、一九九九年
近藤成一『モンゴルの襲来』（日本の時代史9）吉川弘文館、二〇〇三年
佐伯弘次『モンゴル襲来の衝撃』（日本の中世9）中央公論新社、二〇〇三年
佐伯弘次「南北朝時代の博多警固番役」『史淵』一四六、二〇〇九年
阪田雄一「中先代の乱と鎌倉将軍府」佐藤博信編『関東足利氏と東国社会』岩田書院、二〇一二年
佐々木文昭「鎌倉幕府引付頭人小考」『北海道武蔵女子短期大学紀要』四三、二〇一一年
佐藤進一『増訂鎌倉幕府守護制度の研究』東京大学出版会、一九七一年

（ご注意）
・この用紙は、機械で処理しますので、金額を記入する際は、枠内にはっきりと記入してください。また、本票を汚したり、折り曲げたりしないでください。
・この用紙は、ゆうちょ銀行又は郵便局の払込機能付きＡＴＭでもご利用いただけます。
・この払込書を、ゆうちょ銀行又は郵便局の渉外員にお預けになるときは、引換えに預り証を必ずお受け取りください。
・ご依頼人様からご提出いただきました払込書に記載されたおところ、おなまえ等は、加入者様に通知されます。
・この受領証は、払込みの証拠となるものですから大切に保管してください。

収入印紙
課税相当額以上
貼　付

印

この用紙で「本郷」年間購読のお申し込みができます。

◆この申込票に必要事項をご記入の上、記載金額を添えて郵便局でお払込み下さい。
◆「本郷」のご送金は、４年分までとさせて頂きます。
※お客様のご都合で解約される場合は、ご返金いたしかねます。ご了承下さい。

この用紙で書籍のご注文ができます。

◆この申込票の通信欄にご注文の書籍をご記入の上、書籍代金（本体価格＋消費税）に荷造送料を加えた金額をお払込み下さい。
◆荷造送料は、ご注文１回の配送につき500円です。
◆入金確認まで約７日かかります。ご諒承下さい。

振替払込料は弊社が負担いたしますから無料です。

※領収証は改めてお送りいたしませんので、予めご諒承下さい。

お問い合わせ　〒113-0033・東京都文京区本郷７－２－８
吉川弘文館　営業部
電話03-3813-9151　FAX03-3812-3544

この場所には、何も記載しないでください。

払込取扱票

02 東京

通常払込料金加入者負担

口座記号番号	金額
00100-5-244	千 百 十 万 千 百 十 円 ※

加入者名	料金	備考
株式会社 吉川弘文館		

各票の※印欄は、ご依頼人において記載してください。

ご依頼人・通信欄

フリガナ
※お名前
郵便番号　電話
※ご住所
※

◆「本郷」購読を希望します

購読開始　　号より

1年 1000円 (6冊)　3年 2800円 (18冊)
2年 2000円 (12冊)　4年 3600円 (24冊)
(ご希望の購読期間に○印をお付け下さい)

日附印

裏面の注意事項をお読みください。(ゆうちょ銀行)(承認番号東第53889号)

これより下部には何も記入しないでください。

切り取らないでお出しください。

記載事項を訂正した場合は、その箇所に訂正印を押してください。

振替払込請求書兼受領証

口座記号番号	00100-5-244 通常払込料金加入者負担
加入者名	株式会社 吉川弘文館
金額	千 百 十 万 千 百 十 円 ※
ご依頼人	おなまえ ※　様
料金	日附印
備考	

この受領証は、大切に保管してください。

料金受取人払郵便

本郷局承認

4173

差出有効期間
2022年7月
31日まで

郵便はがき

113-8790

東京都文京区本郷7丁目2番8号

吉川弘文館 行

愛読者カード

本書をお買い上げいただきまして、まことにありがとうございました。このハガキを、小社へのご意見またはご注文にご利用下さい。

お買上 書名

＊本書に関するご感想、ご批判をお聞かせ下さい。

＊出版を希望するテーマ・執筆者名をお聞かせ下さい。

お買上 書店名	区市町	書店

◆新刊情報はホームページで　http://www.yoshikawa-k.co.jp/

◆ご注文、ご意見については　E-mail:sales@yoshikawa-k.co.jp

ふりがな ご氏名		年齢　　　歳　男・女	
〒 □□□-□□□□		電話	
ご住所			
ご職業		所属学会等	
ご購読 新聞名		ご購読 雑誌名	

今後、吉川弘文館の「新刊案内」等をお送りいたします(年に数回を予定)。
ご承諾いただける方は右の□の中に✓をご記入ください。　□

注 文 書

月　　日

書　　名	定　価	部　数
	円	部
	円	部
	円	部
	円	部
	円	部

配本は、○印を付けた方法にして下さい。

イ. 下記書店へ配本して下さい。
（直接書店にお渡し下さい）
(書店・取次帖合印)

書店様へ＝書店帖合印を捺印下さい。

ロ. 直接送本して下さい。
代金（書籍代＋送料・代引手数料）は、お届けの際に現品と引換えにお支払下さい。送料・代引手数料は、1回のお届けごとに500円です（いずれも税込）。

＊お急ぎのご注文には電話、FAXをご利用ください。
電話 03−3813−9151(代)
FAX 03−3812−3544

佐藤進一『日本の中世国家』岩波書店、一九八三年
佐藤進一『日本中世史論集』岩波書店、一九九〇年
佐藤進一『鎌倉幕府訴訟制度の研究』岩波書店、一九九三年
佐脇栄智編『後北条氏の研究』（戦国大名論集8）吉川弘文館、一九八三年
清水　亮『鎌倉幕府御家人制の政治史的研究』校倉書房、二〇〇七年
鈴木由美「中先代の乱に関する基礎的考察」阿部猛編『中世の支配と民衆』同成社、二〇〇七年
鈴木由美「建武政権期における反乱」『日本社会史研究』一〇〇、二〇一二年
関谷岳司「室町幕府評定・評定衆の変遷」『日本歴史』六九〇、二〇〇五年
瀬野精一郎『鎮西御家人の研究』吉川弘文館、一九七五年
瀬野精一郎『鎌倉幕府と鎮西』吉川弘文館、二〇一一年
高橋慎一朗「北条時村と嘉元の乱」『日本歴史』五五三、一九九四年
高橋慎一朗『中世の都市と武士』吉川弘文館、一九九六年
高橋典幸『鎌倉幕府軍制と御家人制』吉川弘文館、二〇〇八年
田中大喜『中世武士団構造の研究』校倉書房、二〇一一年
田中大喜「中世前期下野足利氏論」『下野足利氏』戎光祥出版、二〇一三年
築地貴久「鎮西探題における引付評定の式日について」『鎌倉遺文研究』二〇、二〇〇七年
築地貴久「鎮西探題の成立と鎌倉幕府」『文学研究論集』二八、二〇〇八年
築地貴久「鎮西探題の性格規定をめぐって」『中世政治史の研究』日本史史料研究会、二〇一〇年

外岡慎一郎「六波羅探題と西国守護」『日本史研究』二六八、一九八四年
外岡慎一郎「鎌倉末〜南北朝期の守護と国人」『ヒストリア』一三三、一九九一年
外岡慎一郎「鎮西探題と九州守護」『敦賀論叢』一一、一九九六年
外岡慎一郎「鎌倉幕府と東国守護」『敦賀論叢』一九、二〇〇四年
永井　晋『金沢貞顕』吉川弘文館、二〇〇三年
永井　晋『金沢北条氏の研究』八木書店、二〇〇六年
永井　晋「北条実政と建治の異国征伐」北条氏研究会編『北条時宗の時代』八木書店、二〇〇八年
新田一郎『太平記の時代』（日本の歴史11）講談社、二〇〇一年
貫　達人「北条実時の置文について」『三浦古文化』二八、一九八〇年
橋本義彦「院評定制について」『鎌倉政権』有精堂出版、一九七六年
福島金治『安達泰盛と鎌倉幕府』有隣新書、二〇〇六年
藤井　崇「鎌倉期「長門探題」と地域公権」『日本歴史』六八九、二〇〇五年
北条氏研究会編『北条氏系譜人名辞典』新人物往来社、二〇〇一年
細川重男『鎌倉政権得宗専制論』吉川弘文館、二〇〇〇年
細川重男『鎌倉北条氏の神話と歴史』日本史史料研究会、二〇〇七年
細川重男『鎌倉幕府の滅亡』吉川弘文館、二〇一一年
細川重男『北条氏と鎌倉幕府』講談社、二〇一一年
増山秀樹「鎮西探題の使節遵行について」『地域社会研究』六、一九九六年

峰岸純夫『新田義貞』吉川弘文館、二〇〇五年
村井章介『アジアのなかの中世日本』校倉書房、一九八八年
村井章介『分裂する王権と社会』（日本の中世10）中央公論新社、二〇〇三年
村井章介『中世の国家と在地社会』校倉書房、二〇〇五年
村井章介編『南北朝の動乱』（日本の時代史10）吉川弘文館、二〇〇三年
森　茂暁『鎌倉時代の朝幕関係』思文閣出版、一九九一年
森　茂暁『南北朝の動乱』（戦争の日本史8）吉川弘文館、二〇〇七年
森　幸夫『六波羅探題の研究』続群書類従完成会、二〇〇五年
山田邦明『鎌倉府と関東』校倉書房、一九九五年
山本隆志『新田義貞』ミネルヴァ書房、二〇〇五年
湯浅治久『蒙古合戦と鎌倉幕府の滅亡』（動乱の東国史3）吉川弘文館、二〇一二年
湯之上隆「覚海円成と伊豆円成寺」『静岡県史研究』一二、一九九六年
湯山　学『鎌倉府の研究』岩田書院、二〇一一年

略 年 表

西暦	和 暦	事 項
1160	永暦元	3. 源頼朝，伊豆に流される．
1180	治承 4	4. 源頼朝のもとに平氏打倒を命じる以仁王の令旨が届く．10. 源頼朝が鎌倉に入る．11. 侍所が設置され別当に和田義盛が就任．
1184	元暦元	8. 公文所（後の政所）が設置され別当に大江広元が就任．10. 問注所が設置され執事に三善康信が就任．
1192	建久 3	8. 源頼朝，政所始をおこなう．
1199	正治元	1. 源頼朝，死去．
1202	建仁 2	7. 源頼家，将軍となる．
1203	3	9. 比企一族が滅ぼされる（比企の変）．源頼家が追放され，源実朝が将軍となる．10. 源実朝，政所始をおこない，大江広元と北条時政が別当となる．
1205	元久 2	閏 7. 北条時政と後妻の牧方が謀反を企てて追放される（牧氏の変）．
1213	建保元	5. 和田義盛，挙兵するも敗れる（和田合戦）．北条義時，侍所の別当に就任（執権の誕生）．
1219	承久元	1. 源実朝，甥の公暁に暗殺される．7. 九条道家の子の三寅（のちの九条頼経）が鎌倉に迎えられる．
1221	3	5. 後鳥羽上皇，畿内近国の武士を招集（承久の乱）．6. 後鳥羽上皇方をやぶった北条泰時・時房が京に進駐（六波羅探題の成立）．
1224	元仁元	6. 北条義時，死去．北条泰時，執権となる．7. 北条義時後妻の伊賀方と伊賀光宗が鎌倉を追放される（伊賀氏の変）．
1225	嘉禄元	7. 北条政子，死去．北条時房，連署となる．12. 宇津宮辻子に御所が移転．評定衆が設置される．
1226	2	1. 九条頼経，将軍となる（摂家将軍の誕生）．
1232	貞永元	8. 御成敗式目が制定される．
1240	仁治元	1. 北条時房，死去．
1242	3	6. 北条泰時，死去．北条経時，執権となる．
1244	寛元 2	4. 九条頼経が将軍を息子の九条頼嗣に譲る．

西暦	和　暦	事　　　　　項
1246	寛元 4	3.「深秘御沙汰」で北条時頼が執権になることが決まる. 閏 4. 北条経時, 死去. 6. 名越光時らが失脚し, 翌月に九条頼経が京に送還される（寛元の政変）. 11. 院評定が始まる.
1247	宝治元	6. 三浦泰村らが滅亡（宝治合戦）. 7. 北条重時, 連署となる.
1249	建長元	12. 引付が設置される.
1251	3	12. 了行・矢作左衛門尉らの謀反計画が露見（建長の政変）.
1252	4	2. 九条頼嗣, 将軍を辞任し京へ送還される. 4. 宗尊親王, 鎌倉に到着し将軍となる（親王将軍の誕生）.
1256	康元元	11. 北条時頼, 執権を辞任し出家するも, 幕府中枢にとどまる（得宗の誕生）.
1263	弘長 3	11. 北条時頼, 死去.
1264	文永元	8. 北条時宗が連署となり, 北条政村が連署から執権へ移る.
1266	3	3. 引付が停止される. 6.「深秘御沙汰」で宗尊親王の追放が決められる. 7. 宗尊親王が京に送還され, 宗尊の子の惟康が将軍となる.
1268	5	1. モンゴルと高麗の使者が大宰府に到着. 2. 幕府が西国守護に対して蒙古人に用心するよう命じる. 3. 北条時宗が執権となり, 北条政村が連署となる.
1269	6	4. 引付が復活する. 9. モンゴルと高麗の国書を携えた使節が対馬に到着.
1270	7	12. 将軍惟康に源姓が与えられて源惟康と名乗る.
1271	8	9. 三別抄からの牒状が届けられる. 元の使者が筑前国今津に到着. 九州に所領を持つ東国御家人に, 現地に下向するよう幕府が命じる.
1272	9	2. 名越時章・教時兄弟と北条時輔が討たれる（二月騒動）. 後嵯峨上皇, 死去.
1274	11	1. 亀山上皇, 院政を開始. 10. 文永の役. 11. 本所領家一円地の住人も動員して蒙古に防戦するよう, 幕府が西国守護に命じる.

西暦	和　暦	事　　　　項
1275	建治元	2. 異国警固番役が整備される. 4. 元の使者が長門国室津に到着. 5. 周防・安芸の御家人に長門の警固が命じられる. 10. 肥後国御家人の竹崎季長が鎌倉で安達泰盛と面会. 12. 佐介時盛らが上洛, 六波羅探題首脳の人員が強化される. 多くの西国守護が交代する. 金沢実政が鎮西に下向.
1276	2	1. 北条宗頼, 守護として長門国に到着. 3. 博多湾沿岸に石築地を築造するよう幕府が命じる. 10. 金沢実時, 死去.
1277	3	12. 北条時村が六波羅探題北方に就任, 探題評定衆が選定される.
1279	弘安 2	6. 元からの使者が博多に到着.
1281	4	6. 弘安の役. 閏 7. 北条時業（のちの兼時）が播磨守護となる. 8. 北条時定が肥前の守護となる.
1283	6	10. 金沢実政, 周防・長門守護となる.
1284	7	4. 北条時宗が没し, 安達泰盛の主導する弘安徳政が始まる. 7. 元の使者が対馬に到着. 北条貞時, 執権となる. 11. 徳政之御使, 鎮西に下向. 12. 北条兼時, 六波羅探題南方に就任.
1285	8	11. 安達泰盛が襲撃され自害. 各地で安達一族が討たれる（霜月騒動）.
1286	9	7. 博多に鎮西談義所が設置される.
1287	10	10. 将軍源惟康, 親王となる. 後深草上皇, 院政を開始.
1289	正応 2	9. 惟康親王が将軍を辞任し京へ送還される. 10. 久明親王, 将軍となる.
1292	5	10. 高麗の使節が大宰府に到着.
1293	永仁元	2. 異国打手大将軍が鎮西に下向. 4. 平頼綱が北条貞時によって攻め滅ぼされる（平禅門の乱）. 10. 引付を廃止し, 執奏が設置される.
1294	2	10. 執奏が廃止され引付が復活する.
1295	3	4. 異国打手大将軍の北条兼時・名越時家が鎮西から鎌倉に帰る.

西暦	和　暦	事　　　項
1296	永仁 4	8 頃．金沢実政，鎮西探題となる（鎮西探題の確立）．
1297	5	3．越訴が禁止される．7．大仏宗宣，六波羅探題南方で初めて執権探題となる．
1298	6	2．越訴が復活する．8．北条時仲が周防・長門守護名代として現地に着任する．
1299	正安元	1．鎮西探題の評定・引付が整備される．
1300	2	10．越訴方が廃止され，得宗被官が越訴管領に任じられる．
1301	3	8．越訴管領が廃止され，越訴頭人が復活する．北条貞時，執権を辞任．11．金沢政顕，鎮西探題となる．
1305	嘉元 3	4．北条宗方が連署北条時村を討ち，翌月宗方が誅殺される（嘉元の乱）．
1308	延慶元	8．久明親王が将軍を辞任し，京へ送還される．子の守邦親王が将軍となる．
1311	応長元	10．北条貞時，死去．
1316	正和 5	7．北条高時，執権となる．
1317	文保元	2．阿蘇随時，鎮西探題となる．4．幕府が持明院統・大覚寺統に対して，交互に皇位に就くよう提案する（文保の和談）．
1321	元亨元	12．後宇多上皇の院政が停止され，後醍醐天皇の親政が始まる．赤橋英時，鎮西探題となる．
1323	3	8．金沢時直，周防・長門守護となる．
1324	正中元	9．後醍醐天皇の倒幕計画が露見し，日野資朝・俊基らが処罰される（正中の変）．
1326	嘉暦元	3．北条高時，出家して執権を辞任．後任の金沢貞顕も翌月に辞任（嘉暦の騒動）．
1330	元徳 2	7．北条時益，六波羅探題南方となる．12．北条時仲，六波羅探題北方となる．
1331	3	4．吉田定房が後醍醐天皇の倒幕計画を密告し，日野俊基らが捕えられる（元弘の変）．8．長崎高資の討伐を計画したとして長崎高頼らが処罰される（元徳の騒動）．後醍醐天皇，笠置山に逃れるも捕えられる．9．光厳天皇，即位する．

西暦	和　暦	事　　　　項
1332	正慶元	3. 後醍醐天皇，隠岐に流される．9. 畿内の倒幕勢力を鎮圧するために，鎌倉から阿蘇治時らが派遣される．11. 護良親王，吉野で反乱を起こす．
1333	2	1. 赤松則村，播磨で反乱を起こす．閏2. 後醍醐天皇，隠岐を脱出し名和長年に迎えられる．3. 菊池武時，鎮西探題を攻撃するも敗れる（菊池合戦）．4. 鎌倉を出発した名越高家・足利高氏が京に到着．4下旬．足利高氏，丹波国篠村で倒幕の兵を挙げる．5.7 足利高氏，六波羅探題を陥落させる．5.8 新田義貞，上野で挙兵．5.9 北条仲時，近江国番場の蓮華寺で自害（六波羅探題の滅亡）．5.11 小手指原の合戦で幕府方の桜田貞国が新田義貞に敗れる．5.15 分倍河原の合戦で幕府方の北条泰家が新田義貞に敗れる．5.22 北条高時，葛西谷の東勝寺で自害（鎌倉幕府の滅亡）．5.25 九州の武士たちの攻撃を受けて赤橋英時が自害（鎮西探題の滅亡）．6. 周防・長門守護の北条時直が少弐氏・大友氏らに降伏．後醍醐天皇，京に入る．7. 記録所がおかれる．9. 雑訴決断所がおかれる．12. 陸奥で北条氏与党が挙兵．
1334	建武元	1. 規矩高政と糸田貞義が北九州で挙兵（規矩・糸田の乱）．3. 本間・渋谷両氏が関東で挙兵．7. 北条氏一族とみられる遠江掃部助三郎，日向で挙兵．8. 江戸・葛西両氏，関東で挙兵．10. 佐々目僧正憲法，紀伊で挙兵．11. 陸奥で挙兵した名越時如・安達高景が降伏．
1335	2	1. 上野四郎入道・越後左近将監入道，長門で挙兵．6. 西園寺公宗の謀反計画が露見し，公宗が処刑される．7. 北条時行が信濃で挙兵し，足利直義を破って鎌倉に入る（中先代の乱）．8. 北条時行が足利尊氏に敗れて鎌倉を奪還される．
1336	3	2. 信濃で北条氏与党が蜂起し，鎌倉まで攻め込む（先代合戦）．5. 足利尊氏，京都を制圧．12. 後醍醐天皇，吉野に逃れる．

西暦	和　暦	事　　　　　　　　　項
1337	建武 4・延元 2	12. 北条時行が北畠顕家とともに鎌倉を奪還.
1352	文和元・正平 7	閏 2. 北条時行が新田義興・義宗兄弟とともに挙兵し鎌倉を奪還するも，足利尊氏に敗れて鎌倉に逃れる.
1353	2・　8	5. 捕えられた北条時行が鎌倉の龍口で斬首される.

著者略歴
一九七二年　東京都に生まれる
一九九六年　東京大学文学部卒業
二〇〇二年　東京大学大学院人文社会系研究科博士課程単位取得退学
二〇〇五年　博士（文学・東京大学）
現　在　国士舘大学文学部教授

〔主要著書〕
『北条氏権力と都市鎌倉』（吉川弘文館、二〇〇六年）
細川重男氏との共著『討論　鎌倉末期政治史』（日本史史料研究会、二〇〇九年）
『都市鎌倉の中世史』（吉川弘文館、二〇一〇年）

敗者の日本史7
鎌倉幕府滅亡と北条氏一族
二〇一三年（平成二十五）五月一日　第一刷発行
二〇二一年（令和　三　）四月一日　第二刷発行
著　者　秋《あき》山《やま》哲《てつ》雄《お》
発行者　吉　川　道　郎
発行所　株式会社　吉川弘文館
郵便番号一一三―〇〇三三
東京都文京区本郷七丁目二番八号
電話〇三―三八一三―九一五一〈代表〉
振替口座〇〇一〇〇―五―二四四
http://www.yoshikawa-k.co.jp/
印刷＝株式会社　三秀舎
製本＝誠製本株式会社
装幀＝清水良洋・宮崎萌美

ISBN978-4-642-06453-8

敗者の日本史

刊行にあたって

現代日本は経済的な格差が大きくなり、勝ち組と負け組がはっきりとした社会になったといわれ、格差是正は政治の喫緊の課題として声高に叫ばれています。

しかし、歴史をみていくと、その尺度は異なるものの、どの時代にも政争や戦乱、個対個などのさまざまな場面で、いずれ勝者と敗者となる者たちがしのぎを削っていました。歴史の結果からは、ややもすると勝者は時代を切り開く力を飛躍的に伸ばし、敗者は旧体制を背負っていたがために必然的に敗れさった、という二項対立的な見方がなされることがあります。はたして歴史の実際は、そのように善悪・明暗・正反というように対置されるのでしょうか。敗者は旧態依然とした体質が問題とされますが、彼らには勝利への展望はなかったのでしょうか。敗者にも時代への適応を図り、質的変換への懸命な努力があったはずです。現在から振り返り導き出された敗因ではなく、多様な選択肢が消去されたための敗北として捉えることはできないでしょうか。最終的には敗者となったにせよ、敗者の教訓からは、歴史の「必然」だけではなく、これまでの歴史の見方とは違う、豊かな歴史像を描き出すことで、歴史の面白さを伝えることができると考えています。

また、敗北を境として勝者の政治や社会に、敗者の果たした意義や価値観などが変化しながらも受け継がれていくことがあったと思われます。それがどのようなものであるのかを明らかにし、勝者の歴史像にはみられない日本史の姿を、本シリーズでは描いていきたいと存じます。

二〇一二年九月

吉川弘文館

敗者の日本史

①大化改新と蘇我氏　遠山美都男著
②奈良朝の政変と道鏡　瀧浪貞子著
③摂関政治と菅原道真　今　正秀著
④古代日本の勝者と敗者　荒木敏夫著
⑤治承・寿永の内乱と平氏　元木泰雄著
⑥承久の乱と後鳥羽院　関　幸彦著
⑦鎌倉幕府滅亡と北条氏一族　秋山哲雄著
⑧享徳の乱と太田道灌　山田邦明著
⑨長篠合戦と武田勝頼　平山　優著
⑩小田原合戦と北条氏　黒田基樹著
⑪中世日本の勝者と敗者　鍛代敏雄著
⑫関ヶ原合戦と石田三成　矢部健太郎著
⑬大坂の陣と豊臣秀頼　曽根勇二著
⑭島原の乱とキリシタン　五野井隆史著
⑮赤穂事件と四十六士　山本博文著
⑯近世日本の勝者と敗者　大石　学著
⑰箱館戦争と榎本武揚　樋口雄彦著
⑱西南戦争と西郷隆盛　落合弘樹著
⑲二・二六事件と青年将校　筒井清忠著
⑳ポツダム宣言と軍国日本　古川隆久著

各2600円（税別）

吉川弘文館